親子關係一級棒

黃倫芬 著

作者簡介

黃倫芬

學歷：東吳大學社會工作研究所碩士

專長：父母親職教育、兒童人際關係成長

現任：友緣基金會副執行長、
實踐大學社會工作系兼任講師

自序

從事家庭教育將近十五年頭了。在工作中，常聽到父母抱怨爲什麼孩子愛發脾氣？爲什麼孩子不專心？對於孩子的腦袋中到底在想什麼，父母常有一份捉摸不定的挫折感。有時也很想對孩子實施愛的教育，維持良好的親子關係，但卻不知從何做起；想鼓勵孩子卻反而說出讓孩子更有壓力的話。父母腦中雖有各種親職教育知識，但在實際生活中卻不知如何使用，現代父母真是難爲。

現代的孩子也有滿腹的心情。他們面對隨著生心理發展、生活環境帶來的挑戰及壓力。一方面渴望自己被接受、支持，另一方面又希望有人助他一臂之力，引導他走出迷思，有力量穩定自己，爲自己做出最有利的選擇；親子互相需要彼此，卻接觸不到對方。

有感於此，我很希望有機會，呈現出工作上的心得，和父母一起探討孩子內心世界的奧秘，並提供一些話題、方法成爲父母親日常生活可能和孩子溝通的參考。因故，我將這幾年來，在報導雜誌上寫的親職專欄，匯集成此書。書中的親子情節並不是某一個人的故事，而是大部分親子間都會發生的事，希望能幫父母找到調整親子間有相同波長的入口，使得親子雙方有更大的滿足。

對我來說，做家庭臨床工作、寫文章和當媽媽，都是從原點處開始，跌跌撞撞的走到今天。這一路上，有許多人伴著我成長，我非常感激。我特別要感謝的是阮愛惠小姐，她是第一位鼓勵我把工作心得寫下和家長分享的朋友，那時她任職於自立報系。我們策劃一個專欄「赤子之心」，經我口述，由她執筆，共十三篇短文，收錄在本書第一章。那之後我開始寫作。感謝爸媽——讓我有機會當您們的女兒，體會身爲人子的喜怒哀樂；感謝老公在我低潮時適時拉我一把，或敲我一傷，讓我面對自己的眞實面；謝謝兒子，沒有你們，就沒人叫我媽媽，也失去了品嚐當媽媽的酸甜苦辣，困頓和覺悟，友緣基金會的廖清碧老師，謝謝您，帶我進入社會工作的專業，還引我找尋一把鑰匙，開啟身爲人自然有的尊嚴及無窮的潛能，友緣們的所有工作夥伴，能和妳們共事，每一次不可能的任務都挑戰成功，深深的享受到團隊的合作力量。每一個來友緣參加成長活動的人，也常是我學習的對象，謝謝小朋友教我懂得什麼是同理心，謝謝每一位父母，你們的勇敢及不輕易放棄創造更自由的人生、溫馨的家庭生活，這股生命力常令我感動許久！

目錄

第二章　親子指南—明確父母的教育方向

第三章　親子溝通—調準親子溝通的頻道

導讀

你會怎麼形容你和孩子的親子關係呢？

『很好啊！只要我的孩子高興，我就很高興。』

『責任很重，如果不是因爲孩子，我也不用這麼辛苦工作。』；

『擔心很多，常常怕孩子忘東忘西，會被老師處罰，一整天心情都很緊張。』

『壓力很大，常因明天孩子要月考了，所以我要請假（或整夜睡不著覺）。』；

父母的心情常是跟隨孩子的行爲而起舞。孩子有好的表現，心情就像晴天，爽朗明亮；如果孩子的表現不好，心情宛如在下雨，陰暗低沉，一旦父母把孩子的成就看的比自己的生活更爲重要，孩子的一舉一動更在不知不覺中影響著父母的心情起伏。

很多父母也說：

『如果孩子態度不那麼惡劣，我也可以心平氣和的他說話啊！』

『我也想鼓勵孩子，可是他實在沒什麼優點可以鼓勵的！』

『我也希望能和孩子有一段親子時間，大家一起聊聊天，可是他的功課都寫不完，我又能怎麼樣？』

都是因爲孩子——，所以父母——。父母像孫悟空被如來佛的緊箍咒套住般，行動無法自由。父母和孩子之間到底是一種什麼樣的關係呢？孩子真的是主宰親子關係的唯一關鍵力量嗎？

有一位母親，她常想：如果老大能改掉亂發脾氣的習慣，家就會變得更溫暖。她有二個孩子，老大很胖，吃東西都吃的很多，老二長的瘦瘦的，媽媽很擔心他會營養不夠。每當她有這樣的想法，吃飯時，就會一直叮嚀老大少吃些，留一點給弟弟吃。後來媽媽發現，每次只要她這麼說，那一天哥哥就常常藉故和弟弟爭吵，然後爸爸罵老大愛計較，媽媽氣爸爸態度太兇，全家人的氣氛就變的很不愉快。媽媽發現了這個關係後，心情反而平靜下來，她說：『如果我對事情的演變有影響，那只要我願意，事情就會有所轉機。』。她試著體會老大的心情，並客觀的想：這到底發生了什麼事？

父母要老大少吃一點，多留點給老二吃，老大可能會覺得：媽媽比較愛弟弟，不然爲什麼都叫弟弟吃？父母做事情有一個的動機（擔心哥哥過胖、弟弟太瘦），但是孩子卻有他的感受（怕自己在父母心中不是最被喜愛的孩子）；相同的，孩子的行爲背後有一個動機（哥哥發脾氣，目的是要看看父母有什麼反應，還愛不愛我），而父母也有自己的心情（挫折，不了解孩子為什麼會這樣），每一個人都只是站在自己的立場，做（說）自己想要做的事，卻在無形中，影響了對方的心情，造成不同的感受。父母和孩子之間其實是互相在影響的。如果父母有智慧，能面對「親子關係的發展」和「自己的親職態度」有關，自然有希望，能將親子間的互動調整成正向的循環系統。

孩子會如何解釋父母的行爲，父母是無法掌控的，但是父母會因爲了解孩子的心情，使得親職態度更有轉圜的空間。很不幸的，現在的父母較習慣用頭腦理性分析，而不是用心來感受孩子。父母常用道德的角度判斷孩子的行爲，如：孩子這種行爲對或錯？應該亦是不應該？好還是不好？善還是惡？不節省就是浪費？不勤勞就是懶惰？不願分享就是自私？有一位母親很生氣的説：「我的兒子，一寫功課就愛睏，打起球來、玩起電動卻生龍活虎，應該做的事情不努力，就是不勤勞，這不就是懶惰嗎？」但是，事情真的只能兩面來看嗎？如果孩子的行爲非白即黑，父母看到孩子的行爲是黑時，一定忍不住想提出制裁，以導正回父母認爲白的軌道上，但是孩子的行爲因此改善了嗎？沒有，有時候、反而造成親子關係像母雞帶小雞、警察抓小偷、法官審罪犯、或者互相爲敵的狀況。孩子個子雖小、年紀雖輕，但他也是一個人、一個有感情、有想法的個體，在每一個行爲的背後有他自己的動機，爲了能更有效的幫忙孩子成長，了解孩子的心理流程是最有效的開始。**在本書的第一部分，筆者將以小品文和故事敘述的方式，解讀孩子行爲，探討孩子的行爲和父母的態度的關係，以及孩子的心情轉折**。希望對兒童行爲有更多的了解，能幫父母以一種更彈性的角度看待孩子的行爲，找到成長的契機。

如果父母不能以道德標準來看待孩子的行爲，父母又當如何教育孩子呢？教育的準則又是什麼呢？父母常問：到底該不該讓孩子自己保管錢？萬一孩子不懂得節省，養成浪費習慣怎麼辦？不給他錢又擔心他去拿別人的錢，長大會不會變小偷？因爲困惑很多，所以在『給』和『不給』之間無法安定下來。父母爲什麼要給孩子零用錢呢？如果只是因爲害怕（害怕孩子看別人有錢而有自卑感，或想買東西沒有錢，鋌而走險，偷別人的東西、錢。）所以給零用錢，如此的做法，只是在解決大人的焦慮，並沒有積極的教育功能。父母給孩子零用錢是有目的的，因爲，在人的一生中，沒有人能跳脫出金錢的網，每一個人都要學習管理自己的錢，以有限的錢滿足無限的欲望。因此，在給零用錢的過程中，父母是有教育目的，要幫助孩子學習以下幾種能力：

一、所有權的觀念：哪一些是我的錢，我要如何保護自己的錢，相對的，我也要尊重別人的所有權，我不希望有人拿我的錢，自然不能去動別人的錢。

二、了解自己的慾望：我喜歡什麼？我最想要買的東西什麼？

三、成就感的取得：我能用自己的錢，買自己喜歡的東西，我很棒。

四、延宕滿足能力的養成：我錢不夠了，可是還想買東西，這時候要忍耐一下，等下個月發錢時又可以滿足了。或我喜歡某一樣較貴重的東西，我願意每個月存一些錢，等存夠了再去買。

五、計劃金錢能力的培養：因爲錢用完了，我得「享受」暫時貧窮的滋味，如果我不喜歡這種貧窮的感覺，我要想一想自己的用錢態度，從經驗中調整自己的金錢觀，學習當錢的主人。

零用錢制度成為一個幫忙孩子學習自我管理的入口。在這當中，父母的態度也會激勵或減緩孩子的學習效果。如果父母能定時（固定多久發一次）、定額（每次多少錢），且不拿此來當處罰孩子的工具，如表現不好、成績不理想，就扣除部分零用錢。而且，要在一旁幫忙孩子：孩子能依自己的計劃行事時，父母要鼓勵他，繼續為他加油；孩子錢用完了，但能忍耐不再買東西時，也要稱讚他能等待，助孩子一臂之力，渡過難關。這樣子就沒有所謂節省、浪費的問題，孩子也能不斷的累積自己的生活經驗，讓自己變得更聰明，能自由運轉金錢，不怕用錢，不會沒有目的花錢，更不會有打腫臉充胖子的行為，也會有彈性的金錢觀。

教育孩子真的不是一件容易的事情，在「要怎麼做」或「不要」之間，常有許多的可行性，這完全與父母的教育價值觀，也就是和父母想要「教育出什麼樣的孩子」有關。如：兄弟姊妹爭吵時要怎麼辦？大讓小、還是小的尊敬大的？同伴間的玩具可以送人嗎？孩子如何有更好的人際關係？孩子可以看電視嗎？等等都和父母的想法有密切相關。如果親子關係是愛之船，父母就是舵手，舵手必須先決定船的航向要駛往何方，船才不會在原地踏步，或迷失在汪洋大海中。父母是從自己生長的時代背景中長大，耳濡目染，自然受傳統的價值觀影響著。但，一些傳統的價值觀在今天的社會面臨許多挑戰。以往我們認爲萬般皆下品，唯有讀書高。現在我們卻看到很多孩子成績很優秀，卻不會處理人際關係，不會交朋友，不知道如何解決同伴間的衝突；生活一碰到挫折，就無法忍受；偶爾失敗時，就心情不穩，要翹家、自殺、或變得退縮不理人等等。這樣的孩子，活著怎麼會自由、快樂呢？在二十一世紀中，什麼樣的孩子能有好的適應呢？如果一個孩子能讀書也能遊戲、能自己一個人也能享受同伴關係；能追求成功，也能面對失敗；能積極處理事情，也能耐心等待結果；能尊重自己，也能尊重別人；能做自己喜歡，同時對別人、社會有貢獻的事，這樣的孩子即使沒有辦法預知明天會發生什麼事，也有力量面對生命，活得很快樂。身爲父母的我們，一定要想一想，我想要培養出什麼樣的孩子。如此與孩子相處時，才有行動的方向。

除了社會傳統的價值觀外，大部分的父母也受其成長經驗的影響，複製自己原生家庭的教育觀念及方式，或者採取和父母完全不同的觀念、方式對待下一代，有時，是用個人當下的心情起伏對待孩子，以至於產生愛的不夠、或愛的太多，管教太鬆散、過於嚴厲或沒有方向的困境，或者父母覺得送很多愛的禮物給孩子，而孩子卻感受不到的挫折。其實，愛和教育是可以並行，但也需要不斷的自我省思、學習與調整。**在本書的第二部分，筆者將和父母一起分享和教養有關的價值觀：如：金錢管理**（零用錢、壓歲錢的處理）**、情緒發展的助力、語言發展的過程、人際關係的養成、小新鮮人的學校適應等等，並提供一些原則，給父母參考**。父母在一邊閱讀的同時，也可以想一想自己的看法，重新整理自己的教育方向，並試著在生活中落實愛與教育。此外，因爲單親家庭、非親生子女家庭增多，特別有兩篇文章加以討論。

親子關係是否良好，除了親子間心情的互相理解、父母是否有明確的教育方向之外，還有兩個重要因素，即：『家人間是不是各自為一個獨立的個體』和『家人間溝通的方法』有關。

有些家人容易把別人的行動解釋和自己有關。如：

因爲我不能完全滿足孩子，所以他們很失望，都是我的錯！

孩子心情不好，是父母不知道如何撫平她，所以我是一個不盡職的父母。

父母擔心孩子吃不飽，營養不良，所以要孩子再吃一碗飯；

父母覺得外面很冷，所以要孩子多穿一件衣服；

我們希望家人間互相支持，卻誤以爲「把對方的事當成自己的事」，「替對方負責」就是支持，我們都是一家人，但別忘了每一個人都是獨立個體，必須學習爲自己的行爲自我負責的必要性。

這個觀點，從接下來的例子，將有更多的說明。

譬如：當孩子放學回家時，很生氣的對你說：「今天下課時同學拿沙丟我」。父母聽了會有什麼反應呢？

一定是你不對，不然爲什麼他不丟別人，卻丟你？

你不要太計較，同學一定不是故意的，我們原諒他。

我們不要管別人做什麼，只要自己做得對就好了。

要是有人欺侮你，你就去告訴老師，知道嗎？

怎麼可以隨便丟人呢？眞沒教養，明天媽媽去叫他不要再欺負你了。

您是那一種反應呢？也許您有其他的反應方式，是什麼呢？爲什麼你會這樣說呢？

有些父母一聽到孩子在人際關係處於弱勢時，馬上心疼、覺得孩子被欺侮、受委屈、好可憐，一股母性想保護孩子的力量自然就產生。就像母雞要保護小雞，不被老鷹侵犯的樣子。因此容易產生『替子出征』、『過度保護』的現象。

有些父母害怕孩子被欺侮，反而會以生氣的方法出現，不斷攻擊自己的孩子，界定問題一定是他造成，這時，肩上好像有一種神聖使命般，立志改變孩子，幫他脫離苦海，免得下次又被欺侮，因此變得很愛教小孩怎麼做才對，但，教多了孩子就覺得嘮叨。這些父母的反應，**我們稱爲是『主觀的情感』自動引導『行爲』的表現**。對於一個懷胎九月，看著孩子從爬而行，從坐而立，從不會到會，從不知到知，一點一滴成長的父母來說，對孩子自然會有一種特殊的感情，母子像是一體的，在不自覺的狀況下，很快的就把孩子的問題扛在自己肩上。當父母被害怕、不安等情緒牽著走時，一心只會想到要如何安定自己情緒上的困擾，而沒有辦法發揮客觀的思考過程，幫忙孩子解決他在人際關係中的困擾。人不需要也不應該否定自己的情緒，但是要學習不讓自己主觀的感情支配自己的行爲，如果父母有能力區分：

『我很關心孩子，但是孩子有他自己的人生路要走。』

『我很擔心，但孩子說的實際情況是什麼呢？』

『我有我的情緒、孩子有孩子需要學習的人際課題（如：不侵犯別人，但有能力自我保護。）』

『我很害怕，但我做什麼能幫忙孩子，更有能力解決他的人際困擾呢？』

也就是，父母能區分自己的「主觀的感受」和「客觀的思考過程」，如此才能將「自己」和「孩子」再次分類。果真如此，在親子關係中，父母能了解、安定自己的心情，也才能將重點放在孩子的身上，體會孩子的心情，並自由地選擇在孩子個人行爲上，身爲父母的我們要如何『表達愛』孩子才能感受得到；如何溝通才能引導孩子成長。

譬如，父母認爲需要幫孩子能更有效地處理同伴間的關係，父母可能有兩個步驟：

第一：情感上的接納。

孩子和同學發生衝突，不管有沒有道理，他的心中多少有些不安：「不知道媽媽會怎麼想？」、「衣服弄髒了，媽媽會不會生氣？」、「自己的委屈媽媽能了解嗎？」適時的同理孩子，能夠安定孩子的心情，更有助於孩子冷靜地了解自己如何和同學互動。

如：父母可以說：被沙丟到實在很討厭；

真的好倒楣；

我們又沒怎樣，爲什麼他要這樣對你？

第二：實際情況上的討論。

親子針對發生的事討論，目的是爲了能拓展孩子看事情的觀點，幫忙孩子了解『事情』是和『我』有關係的；及我有能力塑造「我」和「別人」的關係。

如：父母可以和孩子談一談：

「那時候發生了什麼事？」

「他丟你沙以前，你們在做什麼？」

如果孩子發現同學丟沙前，自己曾開玩笑地說他像白痴，孩子覺得這兩件事情有沒有關係？

你知道他爲什麼丟你嗎？

事情發生後，你做了什麼？

你想告訴他別丟了，後來怎麼說？有沒有效？怎麼說更有效？

你希望怎麼樣？

如果孩子希望自己更強壯一些，孩子打算做什麼？

在本書的第三部分，筆者將以三十七個實際的親子故事情境爲基礎，和父母

分享親子的心情和價值觀，並提出「父母的客觀思考過程」和「父母和孩子說話的幾種方式」作爲父母與孩子溝通時的參考。

我們活在今天，誰也不知道明天會變成什麼樣子，有時候身爲父母親的您會不會很好奇，孩子將來會成爲什麼樣的人呢?有一位心理學家曾說：每一個人的出生都不是自己的意願，是非本質的，因此，人終其一生都要學習人本質，即：讓自己依照自己的意願，當自己希望的人，過自己喜歡的生活。有一位母親，她很沮喪的說：「我覺得我已經做很多事情了，可是爲什麼孩子都沒有改變呢?我的努力不是都白費了嗎?」另一位母親也分享著自己的心情，她說：『以前，我常常會要求孩子考一百分，考前三名，如果沒達到標準，孩子就要接受處罰或不停的練習，孩子變得自我要求很高，很完美主義，事情一點不照她的意思進行，她就變得**非常**神經質，搞得我們家不得安寧。經過了成長團體，我了解自己爲什麼會要求孩子那麼高，也很驚訝對孩子產生那麼大的影響，雖然我當初沒有惡意，但是沒想到對孩子來說，竟然像巫婆，帶給她那樣的傷害，同時我也身受其苦。我常問自己，我很愛孩子，可是怎麼做孩子才有被愛的感覺呢?現在，我努力學習怎麼當媽媽，儘量不批評她，多鼓勵她做得很好的地方，雖然她還是一樣那麼要求完美，但是我不再那麼煩惱，也比較能包容她，畢竟，我們都已經生活了十幾年，怎麼可能說改就改?改變是一件多麼不容易的事啊!我們都需要多一點時間，慢慢成長。現在，我能當一個自己喜歡的媽媽樣子，不會隨便動怒罵人，也能聽得到孩子要說什麼。對自己比較滿意一點，心情就比較快樂。』

是的，當父母不需對別人交代，也不需透過孩子的成績、言行舉止證明自己是不是個好父母。只要父母能意識到自己如何扮演親職角色，並在親子關係中，承認自己不可能是一個面面俱到的人，自己是第一次當父母有權力不完美、犯錯，也有勇氣能不斷嘗試、揣摩，以營運自己成爲體貼（了解自己、了解孩子），及有智慧和原則（明確的態度面對孩子的成長和親子間的各種狀況）的父母，如果能這樣您就已經進入一級棒的親子關係歷程了。

第一章 親子物語——解讀孩子行爲的心理、社會因素

現在的父母很習慣地用頭腦理性分析、用道德的角度判斷孩子的行為、孩子這種行為對或不對？應該還是不應該？好還是不好？因而造成親子關係像母雞帶小雞、警察抓小偷、法官審罪犯、或者互相敵對的狀況。孩子個子雖小、年紀雖輕，但他也是一個人、一個有感情、有想法的個體，在每一個行為的背後有他自己的動機，為了能幫忙孩子有效的成長，了解孩子的心理流程是最有效的開始。

我不希望媽媽有翅膀

那天我們玩「想像力」遊戲，題目是「假如我有一雙翅膀」。小朋友們都興致勃勃地發表，有人說想飛去爺爺家，有人說想飛去迪斯耐樂園、外太空等。七歲的小月突然說：「我不希望我媽媽有翅膀。」「哦！爲什麼？」我問她。「因爲媽媽會飛走。」小月說。

小月的媽媽是一位忙碌的職業婦女，回到家還要料理很多家事，在工作壓力繁重或家務瑣碎而引起情緒的躁鬱煩怒時，她常會對孩子說：「早知道妳這麼不乖，就不要生下妳。」或「要丟下妳們不管了。」等這類情緒化的話。在態度上，也會以「拒絕」或「煩厭」的舉止或表情對待孩子，其實，這不過是一時氣話罷了，但孩子的小小心靈上久之就產生了一種不安全感，害怕媽媽棄他而去。小月已經上小學一年級了，每晚睡覺前還要媽媽在床邊陪伴一兩個小時才能入睡。

很多父母深愛孩子們，卻在無意中對孩子有排拒或放棄的態度，造成幼小兒童的誤解。小月的一句話，流露出她潛在的不安與困擾。

我會不會死？

有一天四年級的婉婉面色凝重地問我：「老師，我會不會死？」因爲她連續一個多禮拜感冒咳嗽不止，問媽媽爲什麼病老是治不好，媽媽說，因爲婉婉平時常不聽話，「壞事」做多了，這是上天給她的處罰。婉婉這些天來內心一直籠罩著這個陰影，擔心自己即將死去。

有些父母爲了糾正孩子的過失，常以加重他們內心罪惡感來作爲再犯的預防。或者告誡他們：「頭上三尺有神明」，造成某些孩子們鎮日精神緊張，做任何事都有被監視的感覺，長久地焦慮不安。

事實上，人在成長的過程當中，常會湧現許多種大大小小的欲望，需要得到滿足。然而，在成人世界的價值標準下，這些欲望常有被忽略或被壓抑的情形。孩子只好偷偷的背著父母做自己想做的事。

無所限制地給予滿足或不由分說地抹煞欲求都是不好的，最好能找出一種「中間方式」，譬如與孩子商量「用什麼方式你可以得到所求」。

而成人心目中的道德標準，加諸孩子身上，有時太過於嚴厲，因爲對大人來說孩子的行爲或許是調皮、任性，並不足以構成「罪惡」；而且太抽象約束力量如「神明」，而會造成孩子心目中莫名的疑懼或憂慮，徒增負面的效果。

跟媽媽說話

一位國小四年級的小男孩，在作「每日作息計劃表」時，安排了半小時「跟媽媽說話」的時間。他認爲，和媽媽說話，是每日必須且獨立於其他事情之外的一件事。

不知道現代父母們在每日繁忙冗雜的生活當中，是否也排定了一小段專屬親子相處的時刻？

孩子們在一天之中，經歷了不少人、事、物，或許一切很平淡，或許遭遇某件特別的事；一些感覺，一些疑惑，或是一些想法，他很想要傳述出來，而父母通常是他們最渴望最親密的聽眾。

在娓娓地親子對談之中，孩子得到的，不只是親情的滋潤，而且是處世原則的指導；即使時間很短，甚至並不連貫，但，經常且精緻的親子交流，必然在親子關係中，留下不可磨滅的溫馨印記。

媽媽，那麼妳抱我一下

七歲的玲玲每個月都有固定的零用錢。有一次，當她把零用錢花光了之後，卻在逛街時看到一個很想買的玩具。媽媽鼓勵她，等下個禮拜拿到下月份的零用錢時再來買。玲玲答應了媽媽，但她心裏還是十分難過。於是，她對媽媽說：「媽，那麼妳抱我一下好不好？」媽媽微笑著抱了玲玲。

人類並非與生俱來具有控制欲望的能力，尤其是對年幼的孩子而言。在面對欲望時每個人都需要外界給予他支持的力量。對於玲玲而言，母親的擁抱是一種力量；她願爲「所愛」而忍受等待，而母親的擁抱使她有力量去等。父母能不剝奪孩子的欲念，且能在處理情緒上當孩子的加油站，孩子的成熟將指日可待。

殺死爸爸！

五歲的威威對著爸爸喊著「我要殺死爸爸！」時，他的父母十分沮喪，覺得這個孩子完了！

原因出在：威威常常去玩弄爸爸昂貴的電腦，結果受到爸爸嚴厲的指責，並且限制他再也不可以碰電腦。因此，威威嚷著要殺死爸爸。

威威的父母其實是過慮了，因爲，對威威言，「死」的概念不過等同於「離開」罷了。威威開始對人世間的「離開」感到恐懼，對他而言，「死」是一種最大的懲罰，他內心尤其害怕父母離開他。

在受到爸爸強力的限制時，威威內心感到憤怒，因此也想給予爸爸「懲罰」。他一直搞不懂「爸爸在生我什麼氣？」而口稱「殺死爸爸」，只是他的情緒發洩，他一點也不自知「殺死」的意義爲何，也不清楚「你的」、「我的」差別何在。

威威的爸爸了解到這一點後，帶著威威去租回一些電玩卡帶，和威威協議好何時他可以來玩電腦；也讓威威明白，電腦是爸爸的專屬物，他必須經過爸爸的同意才可以玩。

至於威威腦中爲何會有「殺」的概念？我想，媒體應該要檢討一下，是否無形之中灌輸給孩子過多的暴力訊息呢？

好像還在媽媽肚子裡

小朋友遊戲時喜歡玩一種「摸黑遊戲」，就是把室內的燈光都關掉，一片漆黑之中，由一位小朋友當「鬼」，摸黑抓人，抓到一個人以後，還要藉著觸摸他的五官、身體，辨識出他是誰，之後，就輪到被抓到的人當鬼。由於黑暗中看不到也不出聲，全憑身體的接觸來辨認他人，這種身體相觸的遊戲，有助於拉攏人際間的熟悉感。

桀傲不馴的小浩只有在玩這遊戲時，最能和大家合作，有一天他偷偷的告訴我：「黃老師，我最喜歡玩摸黑遊戲了。」「哦！爲什麼？」我問他。「因爲，全部都黑黑的，好像在媽媽肚子裏喔！很安靜、很舒服，而且啊，弟弟也沒來，不會跟我搶喔！」。小浩在家中還有一位小弟弟，非常聰明可愛，很得父母寵愛。父母無意之中，冷落了他。如果孩子有機會，可以重溫自己獨佔媽媽，享受媽媽屬於我的感覺，那他們就不須要用些負向行爲（如故意犯規、不合群）引起大人的注意。

說謊的孩子

有一天鈞鈞的媽媽告訴我，這孩子昨天晚上說謊，騙她說七點多就要上床去睡了，結果到了八點多到房間去看，他根本還沒睡著。

我跟七歲的鈞鈞聊天，慢慢引到昨天的事。原來，昨天晚上鈞鈞的媽媽在餵鈞鈞吃飯時，鈞鈞的爸爸下班回來，爲了該不該餵這麼大的孩子吃飯的問題，兩人吵起架來，而且愈吵愈激烈。鈞鈞心裏非常難過，認爲爸媽是爲了他而吵架，如果他不在場，爸媽應該就不會吵了，所以，他告訴媽媽他要睡了，進入臥房。其實，鈞鈞並不是在騙媽媽，也沒有說謊的動機。

夫妻間難免常有爭執，吵架也是促進溝通的方式，但是最好要選擇時間和場地。爲了孩子的教養問題而引發的爭吵，尤其要注意孩子的感受，因爲孩子內心的感受，會以爲那是自己的錯，而產生很深的自責。

我的心裏有一個魔鬼

強強的媽媽十分生氣，每當叫強強作功課時，到最後總發現他沈迷在電動玩具旁。強強也有打人的行爲，而且屢勸不聽。強強很懊惱地告訴我：「老師，我的心中有一個魔鬼，每次都叫我打人、不寫功課！」

後來我經常觀察強強的言行，發現每當他心中有欲望要發洩時，都說是受到「魔鬼」的支使而不得不做。而強強的媽媽，常責怪他不能自控，或因愛深責切，言詞上也難免情緒化。

強強以「魔鬼」來替代自我的「欲念」，在媽媽的責備響起，「魔鬼」（欲念的轉化）則出現與之交戰，而且「魔鬼」的力量很大，往往勝過媽媽。

僅叫孩子自制，或者要求大人情緒表達時不要傷人，都比較難。我們三人找了一個時間，坐下來一起討論如何可以做到『想做的事』，又完成『必須做的事』。強強不再說「魔鬼」，媽媽也不再責罵，親子間的關係變得較不緊張了。

誰是老大?

參加兒童營隊時，五年級的森森由於高頭大馬，被選爲小組隊長。也不知道這孩子從哪裏學來一些軍事化的口令動作，每次以極威嚴的口氣喊著:「立正—稍息」，剛開始大家都忍俊不禁。我問他爲什麼像個小阿兵哥似的，他笑咪咪地說:「因爲，我媽媽生我的時候，我爸爸正在當兵啊!」

可是，不久之後，小組的其他隊員們開始抱怨，森森總是用命令的口吻對他們說話，他們不願意被人呼來喚去，當大家群起反抗森森時，森森忍不住哭了。我問森森，以命令口氣說話的心情;森森說，覺得很神氣。我問其他組員們，希望有什麼樣的隊長?他們紛紛回答:說話口令要用:「請大家集合」、「請大家排好隊」，「分派工作時用討論的」等等。

小朋友們熱切的談著什麼是:真正的領導者，大家的結論是，能夠聽一聽每個人的意見，就是「民主式的老大」，也是「白社會的老大」。過去「黑社會老大」的霸權已經不合時宜了。森森擦乾眼淚，馬上調整了他的態度。

同時，團體也要求其他小朋友們要如何和隊長配合，不能片面要求別人，而自己卻不自我要求。森森經過了這次事件，不但依然是神氣的「老大」，也是有人緣的領導者。

樂意負責的孩子

唸小學二年級的小俊有一天晚上玩得太累，還沒有寫功課就睡著了。第二天一大早，媽媽發現小俊居然自動早起，把未寫的功課寫完。媽媽心裏很安慰，讚美小俊是一個負責的孩子。

結果，此後小俊再也不拖延功課了。因爲，受到了讚美，他很願意去做「負責」的事。

父母們最好不要太責怪孩子已經鑄成的過錯，而應鼓勵他們如何去修補既犯的錯誤且在他們做到時給予讚美。

犯了錯的孩子内心一定會有愧疚感，父母過度的責怪反而使他們感覺既已受到懲罰，反而較釋懷而不去盡力彌補過錯。而知錯能改，且得到父母的肯定，「不再犯」的動機與能力，也會比未曾犯過時要強得多。

因為老師的眼睛會看著我

唸二年級的小芸平常不愛去上學，但每星期到「友緣」來上課二次，每次都不缺席，而且都高高興興的來。我們一直認爲，是因爲在這裏小芸不會感受到壓力，能在遊戲中得到自信之故。有一天，在小芸遊戲的空檔，她跑來依在我的身邊，我順便就問她，爲什麼喜歡來這裏上課而不喜歡到學校去呢？小芸有點害羞，但仍很輕快地說：「因爲，我來這裏，跟老師說話時，老師的眼睛會看我；在學校時，我跟老師說話，老師的眼睛不會看我！」

不合作的玩伴

小學四年級的晶晶是團體裏的一個小麻煩人物。晶晶長得很可愛，個性也不內向，但是卻常成爲不受歡迎的玩伴。原因在於，每次大家決定要玩某一種遊戲時，晶晶幾乎都不合作。有人提議玩躲避球，晶晶就偏偏站得遠遠旁觀；大家玩辦家家酒時，晶晶卻拿了個球獨自拍打著。

晶晶這種態度是許多孩子的傾向，一是自己有意見時說不出來，待其他人都決定了，又唱反調或生悶氣；二是提出自己意見，不被採納時，覺得自己不受喜歡，幾次之後愈來愈沒信心說出自己想要的是什麼。

晶晶又鬧彆扭時，我要她站出來勇於講出自己心中真正想玩的是什麼，透過表決，如果不爲大多數人贊同，那麼，再試試其他提案，或許也可與團體達成協議。輪流玩大家想玩的遊戲。

人不可能離群索居，人的意見也不可能每次都被採納，因此每個人都要學習尊重別人。一個健康的團體是每個人都可以提出意見，在服從多數人之外，也須要能尊重少數人的意見。

我真的會用剪刀吔！

課程中須要使用的輔助教材我們都自己製作，老師帶領孩子們，運用剪刀、紙筆，裁製出各種小玩意兒。

有一天，在拿起剪刀剪過幾個圖形之後，唸一年級的小安四處走動，每遇到一位老師或同學時就告訴他們：「我會用剪刀吔！」

小安是家中唯一的孩子，上有祖母、父母及幾位姑、叔共同呵護著他，從小，他就被不斷地告誡不可使用有危險性的器物，包括小剪刀。小安從小就不敢拿剪刀。學校的美勞課須用剪刀時，他總是「忘了帶」，其實，他沒有忘記，只是他不敢攜帶。

而他在長久觀察別的小朋友輕輕鬆鬆地使用剪刀之後，終於也忍不住拿起剪刀。一試之下，發現其實沒那麼可怕，只要稍微小心，這種做手工藝的剪刀，也沒有傷害性。

被保護得太過度的小安，終於有機會靠自己的勇氣去克服內心中的恐懼；我們也很高興，他能及早剪去他小小的「剪刀情結」。也剪斷了他想像的害怕。

當我碰上問題……

孩子的心語

熊熊，我跟你說：

今天在學校，老師說了一個故事——小木偶奇偶記，如果小木偶說謊，鼻子就會變長，你相不相信？你看我的鼻子有沒有不一樣呢？

本來今天要去戶外教學，每個人都可以帶三種自己喜歡的零食，我很早就想好了要買什麼東西。可是，前幾天一直下雨，老師說暫時取消。回家後，我就忘了，還和媽媽一起去買。今天一到學校才想起來，老師問我，爲什麼還帶零食來，我順口說：「我爸爸說要請小朋友一起吃。」終於，我吃到了餅乾還有布丁。

下午睡完午睡，我就開始不快樂了，有點希望媽媽等一下晚一點來接我回家，一看到媽媽來，就拉著她回家，可是，還是被老師看到了，媽媽和老師嘰嘰呱呱一直說，後來，媽媽板著臉，對我說：「小孩子不可以騙人。」然後就板著臉不說話。我知道，老師一定也把前幾天做果凍的事，告訴媽媽了。那一次我們每個人都要帶一樣水果，我跟媽媽說，每個人要帶兩樣，第二天，老師問我，爲什麼帶這麼多，我說：媽媽說家裏水果很多……我不是故意要說謊，我只是很「希望」今天真的要遠足，「希望」自己能吃到喜歡的東西，也「希望」老師能注意到我。

徐庭有時候也這樣，昨天下午吃點心時，一人一片熱狗土司和一杯牛奶，吃完了，他又向老師要一片土司，老師說：「每一個人都吃一片，這樣就夠了。」徐庭說：「他（指著我）也想再吃熱狗。」我？我那有說！自己要吃，還說人家咧！還有一次，馬俊帶了一組樂高積木，組合成太空船，但不借徐庭玩，因爲，上次徐庭帶把來福槍，可是沒借他玩。後來，徐庭拉著我，說：「那個太空船好爛喔！是假的，又不會飛，我們不要跟他玩。」玩具本來就只能假裝會飛嘛！不過，我知道徐庭爲什麼要這樣說，因爲，上次我和媽媽逛百貨公司時，看到一輛和馬蓋先一模一樣的吉普車，好帥！而且，還是遙控的。我一直拜託媽媽買給我，可是，媽媽說要等到生日才可以買禮物，那就是說，媽媽現在不會買給我。

本來，我有點失望，後來，再看車子，覺得和馬蓋先的車子不太一樣，而且，破破爛爛的一定很快就會壞了，我才不想買呢！

有些時候，我都會這樣想：「算了！反正不要玩、不要買也不會怎樣！」像今天在學校玩老鷹抓小雞，老師問我們：「誰要當老鷹？」我很想，因爲，老鷹很厲害，可是，很多人也都想當，老師叫我們猜拳，贏的人當——我一聽要猜拳就想：「算了！讓別人好了，不當也不會怎樣。」反正，猜拳也沒有用，我一定會輸。

可是，弟弟好像都不會這樣想，譬如說：今天一回到家，他就開始玩火車，一直玩一直玩，等到快六點的時候，才到客廳說要看「萬能ㄅㄨㄅㄨ車」卡通，可是演完了！他一聽就開始哭、鬧一定要看，說都是我害他，都沒有叫他來看電視，還要打我。好奇怪，自己不來看電視還罵別人。

有時候，我覺得大人也會罵人；有一次，弟弟喝牛奶，不知道爲什麼牛奶就打翻了，媽媽說，爲什麼那麼不小心，然後一邊生氣一邊收拾。還有一次，我急著到樓下騎車子，媽媽卻一直跟我說話，結果，我就跌倒了。媽媽說：你又闖禍了，我真受不了你，跟你說過多少遍，走路要小心，你都把我的話當耳邊風……

如果，我能有像仙女一樣的魔棒，任意一揮，就能得到想要的東西，或者，就像變魔術一樣，很快就解決問題了，哇！有多棒啊！搞不好，還可以把你像小木偶一樣，從熊熊變成真正的孩子喔！晚安！

父母的省思

一．在人的一生當中，經常需面對問題，並解決它，譬如：現實生活中，無法一一滿足自己內心的需要（想吃得到某件東西）；自己同時想做好幾件事（又想玩火車、又想看電視）又無法自我負責；或在成長的過程中，容易以不成熟的方式處理事情，而又擔心因犯錯而挨罵。當人沒有足夠的經驗、智慧及自我控制力時（尤其是孩子），很容易以最原始的方法，如幻想、說不真實的話、攻擊別人、退縮或酸葡萄法讓自己暫時過關。

二．即使是暫時地滿足自己後，孩子亦有另一層焦慮：「萬一媽媽知道我說謊怎麼辦？」、「我有這些想法，是不是不應該的？」、「我是不是好小孩？」也唯恐自己內在的需要，有一天會爆發，因此，孩子須花很多精力來壓抑自己，所以，容易呈現情緒不安、神經質、做事不專心、注意力不集中和退縮狀況。

三．解決問題能力是從小在生活經驗中逐漸地累積而養成的，家長的情緒化或拒絕性態度，只會讓孩子更不願意面對問題。

四．儘可能以理性態度培養孩子解決問題能力，如：「又想玩，又想看卡通該怎麼辦？」、「除了猜拳以外，還有什麼解決的方法？」、「爲什麼會從樓梯上摔倒呢？」透過如此不斷地提出疑問，不但能刺激孩子反省思考剛剛發生的事情，而且能激發孩子想一些解決方法，如：「列張時間表」、「用抽籤、黑白猜方法解決」、「走樓梯時，不邊走邊説話」或利用自己的壓歲錢、零用錢買自己喜歡的零食、玩具。

如果，孩子能夠直接説出自己的需要，並在生活中得到適度滿足，孩子將學會不用拐彎抹角方式解決自己的問題了。

媽媽叫我雙面人

孩子的心語

熊熊，我跟你說：

今天是我期待很久的大日子：我們學校開運動會。早上一起床，我就急急忙忙穿上一條長的牛仔褲，等不及要到學校。媽媽一進我房間，就說：「今天天氣這麼熱，穿短褲好了！」我說：「可是人家想穿長褲……」媽：「今天要開運動會，會流汗，穿短褲不是比較涼快嗎？」「可是……可是我想穿長褲嘛！爸爸、表哥，還有我們班的吳至堯，他們還不是常常穿長褲，也不熱啊！我想跟他們一樣……。」這時，媽媽已經拿出一條紅色短褲，我怎麼看，都覺得它很討厭，媽媽看我嘀嘀咕咕的，就說：「我買那麼多衣服給你，你還嫌東嫌西的，那我以後不要買給你了。」我只好穿上短褲，但心裏面就是很生氣，穿衣服真是一件不快樂的事。

以前，都是媽媽拿衣服給我穿，後來，媽媽說我已經長大了，叫我自己穿衣服。有一次，我穿了一件紅衣服，黃色的褲子，可是，媽媽說：「紅色衣服要配黑色的褲子才好看。」所以，就叫我去換黑色褲子。還有一次，她說我們要去外面吃飯。因爲他說我穿得太隨便了。所以，我又去換了一件她認爲比較好看的衣服。後來，每次穿衣服時，我就會問媽媽：「今天我要穿什麼衣服呢？」媽媽叫我自己選，我說：「我不會選，你幫我啦！」然後，媽媽就生氣了，說我這麼大了，連穿什麼衣服都不會。對呀！我本來就不會嘛！媽媽不都是常常說我穿不對嗎？

我好像常常惹媽媽生氣，她說，她的白頭髮，都是我不聽話的結果。像昨天，因爲我沒穿拖鞋，被媽媽打了兩下腳。她說：「說那麼多次了，還是這麼沒規矩，連拖鞋這麼小的事情都記不住，現在就不聽媽媽的話，長大怎麼辦？」不穿拖鞋比較方便，也比較舒服，爲什麼一定要穿呢？可是，到阿姨家，有時候，我就會記得要穿拖鞋。因爲，我和表弟喜歡玩變形金剛，都喜歡跳到阿姨的床上當城堡，可是，阿姨規定，不穿拖鞋的人不可以跑到她的床上玩，要不然，就要先洗乾淨才可以上去；平常，阿姨都不管我們有沒有穿拖鞋，只要求不穿鞋的人，要把襪子脫掉。因爲，襪子是她要洗的，太髒了不好洗。只要是不影響別人，我們可以自己決定要不要穿鞋，所以，每天我們要玩變形金剛，我們都會穿拖鞋。

媽媽說我是雙面人，在阿姨家和在家裏都不一樣，真的好奇怪吔，我也有這種感覺。每次在家，我想吃糖果，媽媽說只能吃兩顆，可是，我就會想吃多一點，如果偷拿被看到，就完蛋了！在阿姨家，吃飯前一個小時，不可以吃東西，其他時候，不管我想吃多少，都可以，想吃五顆糖，就吃五顆，想吃十顆，就拿十顆，很奇怪吔！我就不那麼想吃多一點了。有一次，阿姨送我一盒巧克力，我每次都只吃一個，因爲，吃完了就沒有了，我當然要慢慢享受囉！阿姨常說我很像大班的小孩，有自己的意見、又守信用。媽媽說，如果，你在家也這麼有控制力就好了。我真的是雙面人嗎？

我們班有一個人，叫做林一帆，他跟我一樣，也是個雙面人。每次王老師叫他收拾玩具，他都不收，老師生氣了，他就說，他剛才沒有聽到，要不然就慢吞吞的收拾，有時候還邊收邊玩。如果，是林老師就不一樣了，林老師會問我們還要玩多久？什麼時候要開始收玩具？我們說：「還要五分鐘。」她就會說：

「好。」時間到了，她會提醒我們，我們收拾好時，林老師就會誇獎我們「動作好快喔！大家好守信用」，林一帆就不會慢吞吞或邊收邊玩。我們比較喜歡林老師，她對我們很重要，她讓我覺得自己像變形金剛一樣神勇、厲害。

其實，我也希望自己是一個聽話的好小孩，有一次，媽媽要說故事，問我想聽幾個，以前，我都說要聽五個，媽媽就會說「時間不夠」、「太累了」，然後，就變成只講兩個故事。昨天媽媽又問我，要聽幾個故事，我看了看媽媽，說：「兩個就好了！」媽媽很高興，說了兩個故事。可是，我一直覺得媽媽的第二個故事還沒有講完，然後，我很用力地把書丟到桌子上，媽媽很生氣，罵我：「爲什麼不愛惜書本？」我也不知道爲什麼要摔書，我只是還想聽故事，可是，說出來，有什麼用，媽媽也聽不見。

媽媽常常說：「你是男生，男生要勇敢，還要有意見，要把心裏的話說出來，不要吞吞吐吐的。」可是……算了吧！我不想說了，睡覺吧！晚安。

父母的省思

一．經常需要考慮大人的意見，而不覺得自己的想法會被考慮的小孩，是不自由的。不自由的孩子，較沒有信心，情緒也較不穩定，不容易培養自我控制能力。

二．在不影響別人及孩子的安全下，儘可能的給孩子較多做決定的空間是重要的，並經常讚許孩子的行爲，將有助於孩子從經驗中學習，並培養自制力。

起床！皇帝

孩子的心語

熊熊，我跟你說：

今天老師說了一個故事給我們聽，是一個小皇帝的故事。她說，從前，有一個小孩，他的年紀雖小，卻是天下第一大的人——皇帝。每天早上天剛亮的時候，他就得起床，準備上早朝。可是，皇帝很愛睡覺，每天早上總是叫不醒，所以，上早朝都遲到了。大臣們都跟皇帝說，他是天下人的榜樣，不可以睡懶覺，可是，皇帝聽的迷迷糊糊，他一心只想「如果能睡久一點多好啊！」有一天，皇帝在後花園，碰到一個小孩，叫王小二，匆匆跑進來撿球，二個人就玩起來了，玩累了，就聊天，王小二說自己很命苦，每天，天還沒亮就要起床去摘梨。小皇帝說：「你真厲害，天還沒亮，就爬得起來。」王小二說：「本來我也爬不起來，常常捱罵。後來我想，如果我起床是要做比睡覺更喜歡的事，那我一定不會賴床，所以我就決定每天起來先踢球，玩夠了，再去摘梨。」皇帝就和他約好，每天一大早就一起踢球。從此以後，皇帝都很早起床，大臣覺得很奇怪，可是，只要皇帝肯起床，大家都很滿意。

熊熊，我想我也是吔！如果，起床有我喜歡的事，那我也不會賴床。因爲，我跟以前的皇帝一樣，覺得起床是一件痛苦的事。每天早上，媽媽叫我的時候，我的眼睛都不聽話，不要張開，不一會兒，媽媽又會叫：「到底起來了沒！」我的嘴巴喃喃地說：「快起來了！」可是腳也動不了，最後，媽媽衝到房間，掀開棉被，開亮所有的燈，才能把我挖起來，有時候，媽媽像機關槍一樣說的不停：「早上起不來，晚上就應該自己知道要早點上床，偏偏你又不聽，睡眠不足，會長不高，難道你不知道嗎？再不起來就來不及了，還不快點……」這時候，就會有一條冰冰的毛巾跑到我的臉上，哎喔！我的媽，我醒了！

弟弟起來的時候，好像也不快樂，有時候，對媽媽大叫，說：為什麼昨天都不買大無敵給他……有時候，大哭說，同學打他，一問之下，才知道是很久很久以前的事。媽媽說，這叫「起床氣」，然後，就抱弟弟上廁所，邊哄弟弟邊替他穿衣服，穿襪子。我刷牙的時候，希望媽媽在旁邊陪我一下，看我牙刷的乾不乾淨，可是，媽媽說，我已經那麼大了，自己應該知道乾不乾淨，還叫我，臉也要洗乾淨，不然人家會說羞羞臉，說完，又把我一個人放在浴室，去替弟弟準備東西了。刷完牙，我也學弟弟，一下子找不到圍兜兜，一下子找不到水壺，要媽媽幫忙，媽媽氣呼呼的說，「真受不了你們二個小祖宗。」

吃早餐時，肚子一點也不餓，可是，媽媽說：早餐最重要了一定要吃，可是我真的吃不下，又不能不吃，所以，只好假裝吃，吃的很慢，媽媽急急地說：「還不快吃，娃娃車來了怎麼辦？娃娃車不等你了，老師、同學會笑你是懶惰蟲，不跟你好了……」我不喜歡媽媽說這些話，他不說，我心裏也會擔心啊！她愈說，我就愈擔心，可是我的手和嘴巴卻仍快不了！

爸爸說，我們家早上好像是戰場，聞得到火藥味，霹靂啪啦的！媽媽也說，希望我們趕快去上學，她的耳朵才會清靜，好日子才會來。我也不喜歡早上，我覺得，早上的媽媽，好像只是弟弟的媽媽，不是我的媽媽，我覺得很孤單，而且，她一直催我們快點！快點，好像在趕鴨子，我也變得緊張兮兮了。媽媽一直要把我們推出家門嗎？是不是我們不乖，所以他不喜歡看到我們？有時候，我不太想上學，因爲……像昨天，在學校玩忍者龜，大家都想當主角，別人叫我當愛波，我才不要，我又不是女生，他們又叫我當許瑞德，說許瑞德也很厲害可是他是壞人，誰要當壞人，我也不要，如果，今天，又不讓我當忍者龜怎麼辦呢？

躺在床上，眼睛沒有張開的時候，就可以假裝什麼事都沒有發生，還可以作夢，夢到媽媽躺在我旁邊，說故事給我聽，親親我，抱抱我，捏捏我，好像玩遊戲一樣，也可以一起聽聽音樂帶，說故事給我聽，或猜謎語。夢到媽媽幫弟弟穿衣服，也偶而過來陪陪我，說我很厲害，都會自己穿衣服，夢到媽媽不管我一定要吃多少早餐，相信我肚子餓就會多吃一點，而且，到學校還有點心啊！夢到媽媽送我上娃娃車的時候，很快樂的親親我說再見，不然，我一整天都會擔心媽媽在家會不會不見呢？如果早上起來，這些事都會發生，那起床可能變成一件很快樂的事了！

我要趕快睡覺了，不然啊，明天爬不起來怎麼辦？咦，我有個好主意，熊熊，明天早上起來，我們來玩拼圖好不好！好棒喔！我要快點睡覺了，晚安！

父母的省思

一．美好的一天，快樂的開始是每個人的希望。但是叫孩子起床卻常是父母的惡夢，是一天中家庭戰爭的開始。父母親期待孩子能準時起床，主動穿衣、刷牙、洗臉，準備上學，而孩子卻常呈現出拖拖拉拉，半睡半醒或無所適從狀，父母在期待破滅下，不免情緒不悅，且更急於催促孩子做應該做的事，但父母在扮演「鬧鐘媽媽（爸爸）」之時，不但不能幫忙孩子更快速行動，反而容易造成反效果，使得孩子更依賴父母的提醒。

二．爲什麼起床對許多孩子來說，是一件不容易的事呢？又爲什麼從起床到上學這段時間，孩子常呈現拖拉狀態呢？可能有以下幾個原因：

①不願起床是爲了避免面對一些不愉快或令自己害怕的情境。譬如說：不願面對父母須要花較多的時間照顧弟弟（或妹妹），擔心媽媽被弟弟（妹妹）獨佔了；上學會面臨一些問題，而這些問題可能是自己不知如何處理等等，因此，在孩子的無意識中，他寧願選擇繼續留在床上，至少，還可以幻想

一些愉悅的事。

②父母不斷地催促「快點！快點！」，造成孩子的反抗，反抗父母的控制，嘮叨及責備，而以相反的方式，做爲重申自己仍有權力的工具。

③不和父母合作，只是爲了表達自己憤怒的情緒。這憤怒可能是因爲父母親不能了解孩子的想法或不能給孩子想要的東西而引起的，譬如說：孩子希望雙親也能陪自己一會，或享受一下被撫愛的親密感受。在孩子期待落空後，卻又說不出口下，只好選擇不和父母合作的方式來表達自己。

④利用慢吞吞，不善用時間來引起父母的注意。雖然，父母會生氣孩子的拖拉行爲，但對孩子來說，「被罵」總比「被忽視」來得好些。

三．父母親如何創造一個愉快的晨間時光呢？

①比照「王小二」模式—讓起床後，可做比睡覺更喜歡的事，那孩子就一定不會賴床了。

②聽聽孩子的期待，抱怨或其他情緒，並正視之。一旦父母可以接納孩子表達情緒，孩子就不以慢吞吞等拐彎抹角方式呈現自己的需要。

③有時候，讓孩子經驗拖拖拉拉的後果，對孩子也很有幫忙。譬如說：動作太慢耽誤了吃飯時間，就只好餓肚子等到點心時間了；怕趕不上娃娃車，可要求娃娃車的隨車老師和孩子互相約定幾點幾分到。孩子在經驗這些「自然而合理」的行爲後果中（而不是被父母懲罰或責怪中）才能漸漸意識到要對自己行爲負責。「起床」就變成是孩子的事，而不是爲了父母而做的事。

害羞的孩子

孩子的心語

熊熊，我跟你說：

今天家裏來了好多好多人喔！有阿公、阿媽、大伯父、伯母、大姑，還有許多堂兄堂弟、表姐妹，因爲小叔叔從美國回來了，大家都到家裏來說話。我回到家時，家裏已經有好多人了，我覺得有點怪怪的，所以，一回家就跑到自己房間看故事書，媽媽叫我出去和小朋友一起玩，我也沒回答他。一會兒，爸爸回來了，很生氣的叫我出去，說我是男生還是女生，男生要勇敢一點，怎麼那麼畏縮，像膽小鬼。我到了客廳，就跑到桌底下玩玩具，阿公說：「怎麼都沒有叫人呢？啞巴啊！」阿公還說我「羞羞臉，那麼大了，幼稚園大班了，還這麼沒禮貌，快叫阿伯、阿嬸」，我好久都沒有看過他們，好像都不認識嘛，爲什麼要叫呢？我喜歡自己一個人玩，又有什麼不可以？阿公又說：「乖！趕快叫人，小叔叔從美國帶了一架飛機要送給你。」，爸爸說：「不叫人，就不要送他飛機好了，送給別人，等一下我們要去餐廳吃飯，他也不要去，一個人留在家裏」。我聽了，眼淚都快掉下來了，可是嘴巴就張不了口，小叔叔在旁說：「小孩子嘛！沒關係啦，等一下熟了就好了。」媽媽帶我回房間換衣服時，都一直不說話，我小聲的問媽：「媽媽，你是不是在生氣呢？」媽媽說：「你爲什麼都不叫人呢？媽媽平常是怎麼教你的？做人要有禮貌，你都聽到哪裏去了？你知不知道，你這樣讓媽媽很沒有面子。」我跟媽媽說「對不起」，可是媽媽叫我自己想一想，這樣對不對。

我也不知道爲什麼我這麼害羞，上次，和媽媽去逛街，在路上碰到一個阿姨，我就跑到媽媽的背後，偷偷地看著阿姨，我聽到她們二個人一直在說我，媽說我「小面神」，阿姨：「這個孩子真害羞啊！可愛喔！」每一次碰到這種事，媽媽都會生氣，不說話好久。

有一次，學校開家長會，老師跟媽媽說：「小明在學校很乖，不會和小朋友打架，或惹麻煩，很安靜，只是，比較不喜歡跟小朋友一起玩。」誰說我不喜歡和小朋友一起玩？只是…只是…他們講的話，有些時候，我都聽不懂，什麼ㄆㄧ

ㄌㄧ貓、神祕寶劍，還有什麼「拉肥兒」、「米開朗基羅」，還說什麼「魔幻戰士」好好看，我都沒看過，有些時候，我放學後就去上美術班、數學班，要不然就練習寫一到二百。有時候，他們也不喜歡和我玩，說我很笨，連「黑白黑白我勝利」都不會，有時候，玩遊戲時我也不敢猜拳，萬一猜輸了，就要當鬼。而且我很怕我都抓不到人，就要一直當鬼了。所以，現在，我自己一個人看書，要不然就在旁邊看人家玩。如果，有同學要拿我的玩具，我不想給，也不知道該怎麼辦，所以，我有點害怕和小朋友在一起。

媽媽說，我這麼害羞不可以，所以，在我生日的時候，請老師和小朋友到家裏來，讓我練習當小主人。那一天，我覺得很快樂，大家都送我禮物，還唱生日快樂歌，最後，老師要我發表「感言」；在那麼多人面前說話，每個人的二隻眼睛都盯著我看，我實在說不出來，也很緊張，不知道要說什麼。所以，一個人又跑回自己房間玩拼圖，媽媽追進來說：「你怎麼搞的？連在自己家裏，也這麼害羞。」對呀！我就是會不好意思，我就是很害羞，我就是這種人，不敢和別人說話，有些時候，和別人玩或說話時，還會被笑、被罵，那我還是自己一個人好了！

熊熊，我跟你說，我曾經作一個夢，夢見有一個神仙媽媽，她對我好溫柔喔！她會拉著我的手，招呼其他小朋友說：「小朋友，我們一起來玩喔！」我不會黑白，猜拳或抓不到人時，她會幫忙我學習，讓我的技能愈來愈好，有人笑我的時候，她會保護我，問其他小朋友：「如果，你有一件事情不會的時候，你希望別人怎麼對你呢？」她會教我們互相幫助，就像一隻螞蟻搬不動一小塊麵包時，兩隻小螞蟻合作，兩個人都會很快樂。

碰到不熟悉的人或我不知道該怎麼辦的時候，神仙媽媽也會在旁邊陪伴我，她先介紹我，讓對方的阿姨或叔叔認識我，譬如說：「這是小明，大班的小朋友，很喜歡拼圖，也很負責任，玩完玩具後，都會自己收拾，是一個好小孩。」也介紹對方「這是××阿姨（叔叔）」。我一時稱呼不出來時，他不會勉強我一定要馬上說，只要給我一個台階下「想說的時候再說」我就會自己稱呼別人了。

我不喜歡阿公，他每次都會笑我，還說要把我丟掉送給別人，有時候又說我不是媽媽生的，是垃圾桶撿來的。每次我看到阿公的時候，就想到這件事，就想假裝沒有看到他，更不想叫他。可是神仙媽媽說：「我知道你不喜歡阿公開這種玩笑，我們可以跟阿公說，以後不要這麼說，可是，稱呼別人是一種禮貌，不管你喜不喜歡一個人，你都要叫他。」我覺得神仙媽媽說的很有道理，熊熊你覺得呢？

我希望，今天晚上在夢中，還會遇到神仙媽媽，我好想她喔！晚安，熊熊。

父母的省思

在二十世紀的社會中，人際關係變成一個很重要的課題，能夠建立良好人際關係的人，無論在工作上，或心理衛生上，都會有較好的發展。無怪乎，現代父母對於孩子無法自由在人群中表現自己、或接近朋友呈現出害羞傾向有很大的焦慮。害羞是天生氣質呢？抑或是有某些生長的環境影響而成的呢？

根據研究指出，有些體質或遺傳的確會使小孩先天比同伴害羞。而且，在每個人的一生中，也會有正常的害羞年紀，尤其是大約在孩子五、六月大和二歲左右的時候。但是，生活環境中的某些因素，也會強化或造成孩子有害羞的傾向。

這些影響孩子害羞行爲的因素，包括了以下幾點：

①大人的拒絕型態度

所謂的拒絕型態度，意指：不在乎孩子的感受，而竟自強迫要求孩子一定要表現某個行爲；或恐嚇著孩子如果不……就不要你、不愛你了，把你丟掉；或以冷漠方式處罰孩子（不說話）；嘲笑孩子的特質（如：不像男子漢、娘娘腔……）。經常被如此對待的孩子，會有不安全的感覺（懷疑自己是不是一個好孩子），也因爲缺乏對自己的信心，所以更不敢和別人在一起，以免自己再受傷害。

②孩子本身缺乏某些社會性能力，而產生自我退縮的狀況。

這些社會性能力，意指：知道如何和他人打招呼？說話說的清楚嗎？和同伴發生衝突時，有方法解決嗎？孩子因爲本身的某些不足而不敢和同伴相處（但是心中卻十分渴望能與他人玩在一起），也因爲，自己不斷地想到來自他人的標籤，「我是一個害羞的小孩」就更深植於孩子心中，而難以拔除。

③因爲被同伴排斥，而產生的害羞行爲。

在孩子的世界裏，不會玩某些遊戲，不懂得某些文化（××卡通影集的內容、主角），或在玩中顯得笨拙的樣態都十分容易被同伴取笑，而列爲「拒絕往來戶」。

害羞不是一種權利，也不是種必然的結果，但它的確須要大人的從旁協助，讓孩子經驗到與人相處的愉快感受，孩子才能從擔心焦慮的束縛中，解脫出來，與人相處的經驗，包括著：與大人及與朋友的相處。愈想催促孩子離開害羞圈圈，愈容易有揠苗助長的結果。基本之道是讓孩子覺得「可以慢慢來」，想說時再說，想玩時再玩；並經常聽聽孩子的意見讓孩子覺得「自己說的或做的不錯了，加油」；有時，積極養成孩子的某些能力：包括玩的能力或社會性能力亦是必須的。

為什麼小子

孩子的心語

熊熊，我跟你說：

剛剛我去上廁所，聽到爸媽在說話，爸爸好像很高興，還提到我的名字吔！我偷偷地聽，原來是說下午看電影的事。好幾天以前，爸爸答應帶我去看電影「忍者龜」。今天終於去看了。電影中有四個忍者龜，它出現時，我們小朋友都大叫，後來，我發現，忍者龜的名字和它頭上帶的眼罩顏色有關，帶紅色眼罩的，叫「紅豆冰」；藍色眼罩的，叫「藍天使」；紫色眼罩的，叫「紫葡萄」；橘色眼罩的，叫「柳丁花」；而且，每次忍者龜和壞人打架時，都會有音樂，我問爸爸，是不是有音樂，忍者龜會比較有力氣？爸爸就把我說的話告訴媽媽，還說我很有觀察力，大概是說我很聰明吧！

昨天，爸爸也說，我好像是一個小小科學家，因爲，我問爸爸：「爲什麼一碰開關，燈就會亮呢？」、「爲什麼天會變得暗的呢？」、「是不是紅燈了，所以，車子就不能走了？」……爸爸說，我很有求知精神，很好，以後一定有出息，爸爸高興，我也很高興，就想看的更多，問的多一點。

可是，媽媽都說，我怎麼那麼愛說話，吃飯不吃飯，邊吃邊說，說的多，吃的少，人家是吃飯配菜，我是吃飯配話……。有一次，我問媽媽「爲什麼不能坐277回家？我想坐277。」媽媽說「你要坐，自己去坐好了。」，討厭的媽媽。我看到一個小朋友在哭，我問媽媽：「是不是他不乖，媽媽打他，他才哭？」媽媽叫我不要管人家的事，把自己管好就好了。

有時候，爸爸也不太喜歡我問問題，昨天，我聽到爸爸放屁，我問爸爸「屁從那裏來？」、「爲什麼要放屁，好臭喔？」爸爸說：小孩子不要問這麼多，趕快去睡覺。我又問：「爲什麼我不能和爸爸媽媽睡在一起？」爸爸說，我長大就會知道，我已經長大了，我知道，因爲爸爸媽媽結婚，所以，可以睡在一起，以後，我長大了，也要和媽媽結婚，這樣，我就可以和媽媽睡在一起了。

今天早上要上學時，媽媽叫我要穿外套，我問媽媽「爲什麼？」媽媽說：「天氣很冷，一定要穿。」可是，我覺得不冷呀！每天晚上也一定要打電話給爺爺奶奶，我問媽：「爲什麼？」媽媽說：「因爲爺爺奶奶很喜歡你！」可是，我現在想玩霹靂車，不想打電話！

我很想和媽媽一樣，在廚房煮飯、開瓦斯爐，可是媽媽說不可以，我問「爲什麼？」她說「因爲很危險。」，可是我會小心呀！

有時候，爸爸吃完水果，果屑叫我拿去丟掉，我說：「我們老師說，自己吃的東西，自己拿去丟。」爸爸說：「不幫忙是不是？那我以後不要帶你去吃麥當勞！」

碰到這些時候，我當然「要」、「聽」大人的話，可是我會和爸爸媽媽玩遊戲，「假裝沒有聽到」、「故意慢吞吞」、「大聲嘰吱叫」或「趁沒有人看見的時候，偷偷玩瓦斯爐。」

我覺得，我的想法也可以呀！對不對！熊熊。

父母的省思

一．大約從二、三歲開始，小孩會開始對生活中的事情，尤其是「和他有關的事」，提出質問。這現象會在六歲時達到頂峰。

雖然，有些小孩會利用問題，引起大人的注意，但大部分的孩子，是因爲自己沒辦法知道才發問。

二．孩子很希望了解「環境中的一切」（譬如：它怎麼做，為什麼會這樣……）「自己所感覺到的」、「自己的行爲」和「自己和環境」的關係。並期待從經驗中，找到自己和他人，事情和事情間的關聯。這是孩子在建構自己對生活觀點的過程。孩子會依照他所「認知」到的規則，做爲日後行爲的參考。這也是孩子對「自主性」的需要。

三．如果，環境想控制孩子的行爲（譬如：做什麼事，或不可以做什麼）孩子更想知道「理由」。

若孩子接受大人的意見，則會合作，反之，表示孩子已有他自己認爲的想法，惟有大人也聽聽孩子的意見，並接納它或在安全的環境下，試一試他自己的想法，才有可能幫忙孩子的想法更理性、更客觀。

四．如果，孩子想了解的是常規性的知識，或自然知識，父母可直接給予，或和孩子一起尋求資料。

有時候，孩子在問「爲什麼」的時候，心中已經有他的架構了，不妨先聽聽他怎麼想某一件事。

五．父母對於孩子的好奇心、求知慾基本上是贊同的，但是，有時會因爲大人的價值觀（如：不可以說放屁、大便的事，或小孩子有耳無嘴、聽話等），或大人的心情不好沒有心思聽，或想省掉些麻煩，而敷衍孩子。

但是經常地拒絕孩子的想法或疑問（譬如：忽視、否決、威脅、嘲謔）會帶給孩子很大的壓力，並妨礙了孩子原有的一些感覺及對行爲的探討，一旦孩子無法架構出一套生活中的規則，孩子會對自己、生活失去安全感，並處在混亂的情緒中。

錢來也兒子

孩子的心語

熊熊，我跟你說：

前幾天，阿公阿媽到家裏來，帶了好多巧克力，好棒，我最喜歡了。所以，就一直吃，一直吃，後來，媽媽拿出一盒蛋糕，每個人都吃了一塊，還剩下最後一塊時，我和弟弟都想再吃，阿媽說：「你剛剛吃了那麼多巧克力了，這塊蛋糕應該給弟弟吃。」可是，是弟弟自己不愛吃巧克力的，他自己不多吃一點，爲什麼我就不能吃蛋糕呢？今天，我更生氣，我和弟弟都想再吃布丁，可是，只剩下最後一個了，媽媽說：「弟弟難得喜歡多吃一點，你這麼胖了，又是哥哥應該愛護弟弟才對。」我跟媽媽說，可是我剛才都沒有吃很多東西啊！媽媽說：「你最乖了，你不是最喜歡吃巧克力嗎？這個布丁先給弟弟吃，明天，媽媽再買巧克力給你。」每次都這樣，明天，我一定要記住叫媽買，不然，她又會忘記，而且，我要買二條巧克力，誰叫她今天不讓我吃布丁。

大人總是有理由，叫我們做這個事，或不要做什麼事。像以前，我跟媽媽說，我好想看加菲貓卡通影片，媽媽說，看卡通影片，沒有什麼用處，有時間要多看看小小百科，背背英文，或多練習功文式數學，這樣以後才會有出息，才不會輸給人家。可是，我就是不想啊！我常常一個人坐著發呆，後來，媽媽說：「不然這樣好了，你只要算二十題數學，我就租一卷卡通錄影帶給你看。」我知道，這叫做「條件交換」，也好！至少這樣，我才能看到加菲貓。後來，我發現了一個祕訣，很有效喔！熊熊，我小聲告訴你，你不能跟別人說喔！那個秘訣就是：我很想要一樣東西時，只要用功一點就可以如願了。譬如說：我很想要和林威志一樣的雙節棍，可是，跟媽媽說，她一定會說家裏玩具很多了，不同意我買，所以，我就自己去背十個英文字，然後背給媽媽聽，媽媽聽了很高興，說我自己會自動自發讀書，很好。這時候，我再說，我們同學都有雙節棍，我也好希望能有雙節棍喔！媽媽會想一想，說：「爲了鼓勵你會自己看書，媽媽送你雙節棍，當做獎勵。」吔！好棒！我就有一個雙節棍了。

媽媽說，只要我功文式數學能考一百分，她就給我十元；只要我聽話，她就要帶我去日本玩；只要我用功讀書，她就要送我禮物；只要我……，她就……。媽媽說，我最乖了，她最愛我了，不像弟弟，都不聽媽媽的話。如果媽媽叫弟弟做什麼事，然後要給弟弟一些好處，弟弟好像都沒什麼反應。要不然，就說：「我才不喜歡忍者龜，打打殺殺有什麼好玩！」、「我才不想去日本，日本又有什麼好玩。」、「不看卡通影片又怎麼樣，也不會死啊！」、「我們老師說巧克力、糖果，都是圾垃食物，吃太多對身體不好」，然後，都不理媽媽說什麼，每天都只是玩！玩！玩！

後來，我就學媽媽，只要她叫我去買醬油，我就說，我還要買一包口香糖；只要媽媽叫我幫她下樓拿報紙，我就說，等一下妳要講三個故事給我聽；媽媽叫我陪弟弟玩，照顧弟弟一下，她馬上就回來，我就說，要給我十塊錢，我才要和弟弟在家；媽媽叫我收拾自己房間，我就說，那等一下妳要讓我喝一瓶汽水……

有一次，我在喝可樂，媽媽叫我給她喝一點，我覺得很渴，就一直喝，媽媽說：「那麼小氣，你不給我喝，我以後，就不帶你去公園玩，我只疼弟弟，不愛你了。」後來，我就請媽媽喝。到公園時，我跟媽媽說，我想吃一包乖乖，媽媽說剛剛吃完飯，怎麼又要吃東西，我說：「我都請你喝可樂，妳都不請我吃乖乖，你不買給我，我就不理你了，要不然，你給我十塊錢，我自己去買好了。」

回到家後，媽媽很生氣，大吼大叫的對我說：「錢！錢！錢！整個腦袋只會想到錢，那麼愛計較，叫你做點事，都要錢，我每天替你們煮飯，洗衣服，你爲什麼不給我錢……那麼小就愛慕虛榮，長大怎麼辦？一下子要吃口香糖，一下了又要吃巧克力，不是要買這個，就是買那的，我上輩子欠你的啊！你來討債啊！……」

媽媽好奇怪喔！是不是我剛剛進門時，鞋子沒有擺好，不然，她爲什麼要生氣呢？熊熊，你說呢？

父母的省思

一．很多父母親習慣以物質來鼓勵小孩，或表達自己的愛，但心中也有一層隱憂：孩子會不會變得很功利，愛慕虛榮？以後，沒有物質做爲獎勵，孩子還會繼續保持某個行爲嗎？孩子的欲望愈來愈多，胃口愈來愈大，我要滿足他嗎？有時候，父母託孩子做點事，孩子也要求回報，那親子間有何親情可言呢？

二．對孩子來說，生活在「如果我……父母就……」的環境下，可能會造就一種不同反應的孩子：

①父母提出「條件交換」時，他就順著這旋律進行。但他的心中也會有些疑慮：如果，我不順著這旋律，父母還會愛我嗎？心中會有不安全的感覺。這種方式是不是人與人相處的模式呢？於是，孩子也開始學習以這種旋律和他人相處（包括父母親）。

②孩子認爲父母的要求太高，自己做不到時，孩子也可能以不在乎、不理睬的方式來反抗父母親的控制。於是形成我行我素，不考慮大人意見的狀況，親子關係就漸漸疏離了。

三．父母希望造就出來的孩子是爲了「某一物質而努力」？還是孩子本身有動力、自我負責，有心向上的呢？

四．行爲的本身，可不可能提供孩子成就感呢？（譬如：我考了一百分，讓我自己覺得自己很棒，我覺得我可以掌握自己，只要我努力，就會有好成果……）還是，必須等著他人的獎勵，才能肯定自己呢？

五．孩子必須學習自我負責，包括了：收拾自己房間；整理自己衣物鞋子；對自己功課負責；同時有二個人都想吃東西時，可以一人一半，猜拳……等方式解決，不管自己有沒有吃到，都毋須第三者出來擔待。

六．父母親的愛，包括了：尊重孩子意見；再保證（無論如何，孩子我永遠愛你）；父母覺得某項東西孩子會喜歡，所以我買給孩子等等。

七．「父母的愛」和「孩子的自我負責」，可不可能是兩條並行的軌道，而不是互為因果的交錯線呢？

小生怕怕！

孩子的心語

熊熊，我跟你說：

今天大伯父和堂哥到家裏來玩，大伯父問我們一個問題，「如果，你在海中游泳，來了一隻大白鯊，假如，你可以變，你要變成什麼呢？」大堂哥說，要變成另一隻更大鯊魚咬死它；二堂哥說，要變成水草，這樣大白鯊就不會吃它了；我想了很久，決定變成一個獵人，拿槍打死它；弟弟說，要尿尿在它身上，然後用腳踹死它。伯父聽了哈哈大笑，然後說，大白鯊不會跑到陸地上，不要害怕。

可是，我常會怕，也覺得有的人很像大白鯊！昨天，每個人都可以帶一樣玩具到幼稚園，我帶一個忍者，庭庭叫我借他玩，我不想；他就用力搶走，都不還給我，還說：「你來拿呀！你一定拿不到的！」我隨手拿了一個積木丟他，他就哭了，我也很想哭，老師曾經說，不可以打人，可是，是他先搶我的玩具。我丟了積木後怕老師會生氣，也怕同學不跟我玩了。後來，老師來了，說我們兩個人都有錯，要罰坐五分鐘。還問我們，生氣的時候可以怎麼辦？我知道啊！生氣的時候可以打墊子、撕紙，或告訴老師，可是，我也不知道為什麼，就是忍不住打庭庭了。

有些時候，晚上睡覺時，我覺得有魔鬼，我告訴媽媽，媽媽說：「你又胡思亂想，趕快睡覺就好了。」我閉上眼睛叫自己趕快睡著，可是，就是睡不覺，一直覺得它還在我房間，我想開燈，媽媽說，這世界上根本沒有鬼，還說我不想睡覺還找理由，我才不是這樣呢，為什麼媽媽都不相信我說的是真的呢？我躲在棉被下，假裝和忍者龜一樣，拿著雙節棍練功夫，嘿！嘿！嘿，看我雙節棍的厲害，我什麼都不怕！每天晚上，都要練完功夫，然後，才睡覺的。

昨天，媽媽來接我的時候，碰到元元的媽媽，他們二個人說到元元跳舞的事。我們要舉行一個親子同樂會，大班的小朋友要演「醜小鴨」的故事，元元演醜小鴨，元元的媽媽說，前幾天開始說不要來上學了，還一直肚子痛，後來，才知道，是元元不想來參加表演的練習。元元的媽媽對元元說，沒什麼好緊張，把台下的人都當成石頭就好了。可是，元元說，老師好兇，都一直罵人；元元的媽媽說，老師是爲了你們好啊！這樣你們才會進步啊。可是，媽媽的話，好像也安慰不了元元，因爲，每天早上，元元喝牛奶、麵包後，就全部又吐出來了，元元的媽媽說，不想當醜小鴨就不要當了。但是，還是要上學，老師又選了一個小朋友，二個人都要練習；到時候，如果元元還是不想上台的話，就不要上台，可是。元元還是每天一直哭，她說，她覺得自己一定跳不好的。

大人會不會害怕呢？會害怕是不是很可怕呢？爲什麼大人都不相信我會害怕，不然，就一直叫我不要怕？我愈想不要怕，可是，就是控制不了自己，就就就……

電視上，有一個很厲害的人，他叫馬蓋先。馬蓋先是大人，對不對？他說，他也會害怕，而且，從他小時候就會了。他說，他媽媽說，每個人都會害怕，怕事情做不好，怕別人不喜歡自己，怕很多自己不知道的事，而且，她還告訴馬蓋先一個妙方，在害怕的時候，可以說「愛玉冰」，後來，馬蓋先長大了，碰到害怕的事情，也會在心中說「愛玉冰」，然後，再來動動腦，想方法解決問題。

知道馬蓋先也會害怕，我的心裏覺得好快樂，原來，有很多人和我一樣都會害怕，我不是一個奇怪、沒有用、膽小的笨蛋，而且，有雙節棍會幫助我，我就有力氣了，熊熊，要不要我借你雙節棍呢？不過，我要先練功夫喔！晚安！

父母的省思

一．在人的一生中，或多或少，都面臨了一些令人害怕的事。二歲到四歲時，最怕動物、打雷、黑暗、陌生人，漸漸地，怕妖怪、死亡，進入小學後，開始在乎考試成績、他人的評價，並且在乎自己身體的安危。生活中，經常要面對他人的批評，或非自己能力可能解決控制的事，也都會讓孩子產生無能感，而有害怕的心情。

二．害怕有其正面功能，它能促使一個人面對事情，並尋求解決之道。但有些人，卻一直停留在害怕的情緒不能自拔以致造成無法面對生活中的事情。這其間最大的關鍵，來自於大人的態度。

三．經常忽視否決，或教導孩子「沒什麼好害怕」，或是周遭大人急切地想以自己的力量來幫忙孩子解決問題時，更可能讓孩子延續自己的情緒。

四．如果，孩子覺得自己的心情被理解，被接受，甚至被支持（如：爸爸媽媽也有這種感受，或只要是人都有害怕的心情。），將有助於孩子接受自己的情緒之後，孩子才會有較寬廣的心，在父母的陪同下，共同來思考「可以用那些方法來面對生活中的事情」。

別哭！別哭！我當你的朋友

孩子的心話

熊熊，我跟你說：

今天我們班來了一位新同學，叫做牛秉新，他一直哭，不要和我們一起進教室。姚一葦笑他是膽小鬼，還笑他是大笨牛，還學牛「哞！」的叫。我聽了很生氣，很想揍他，可是又不敢，就一直瞪他。

我知道爲什麼牛秉新會哭；我以前很小的時候，也會哭，都不喜歡上幼稚園，因爲，我在家的時候，如果大聲叫或不收玩具，媽媽會說：「你不乖，到學校老師會打你。」有時，吃飯掉到地上或吃得慢吞吞，媽媽會說：「這麼大了，吃飯習慣還是不好，到學校同學會笑、羞羞臉。」剛到幼稚園，覺得老師的手都好長，小朋友的嘴巴都好大喔！好像隨時有人會打我、笑我。我常常一個人在旁邊，偷看他們在幹什麼，後來發現，其實，也沒有我想的那麼恐怖，只是，我真的不知道怎麼和小朋友一起玩。

有一次，張玲生日，帶好多糖果請我們吃，大家都跟她好。第二天，我也學她，帶餅乾請大家吃，老師說我很大方。我給杜福很多糖果，因爲，我最喜歡他，他看起來很可愛，都不會打人，我還借他玩我的雷霆王。

我跟他說：「你要跟我好嗎？」

他說：「好。」

於是，我就有朋友了。

每次我看到杜福，就很想抱他，他做什麼，我就學他做什麼。如果，別人找杜福玩，我就很生氣。有一次，常常找杜福玩的李恩碰到我，我很大力打他，老師問我：「爲什麼這麼生氣？」我也說不出來，誰叫他先打我，而且，還常常找杜福玩，害杜福都沒有時間跟我玩。林老師說，大小孩想和別人玩的時候，是自己說：「我也要玩。」如果，只是等別人找自己玩，別人不一定知道。對啊！別人又不是我肚子裏的蛔蟲，怎麼會知道我在想什麼呢！

熊熊，我有點怕人家不跟我好，不喜歡我，有時候也覺得別人好像要打我（就像爸、媽、堂哥他們一樣）。別人搶我的東西，我不想借他，可是也沒辦法。有時候，我先拿到積木，別人說是他先拿到的，我只好再換一個。我很想踢同學，可是媽說「不可以打人」、「要相親相愛」，也有點怕別人還會還手打我。其實，我是一個膽小鬼！

杜福很勇敢，沒有人會找他麻煩，如果有人敢搶他的玩具，他一定會說：「那是我的東西，還給我。」兩人都想玩同一個玩具時，他也會說：「猜拳，贏的人先玩。」他很少請我們吃糖，可是，小朋友都很喜歡他。他很會組合機器人，也很會畫畫。每次，老師要我們畫畫，我都不知道要畫什麼，可是杜福想一想後，就動手了，我常常學他畫。杜福常說：「我們來玩。」我都不知道要玩什麼，他都知道：閃電紅綠燈、一二三木頭人、大白鯊……。有時候，我想玩，可是怕說出來人家會不同意，或笑我沒水準、幼稚，所以，我都說「隨便」、「不知道」，要不然就聽杜福的。就像我在家聽媽媽的一樣，就不會錯了。

杜福很會玩，也會教我怎麼躲才不會被鬼抓到，我跟他說：「你好厲害。」他說：「我爸爸更厲害，有時候，我都抓不到他。」他爸爸還教他打棒球、玩牌、捉迷藏，好棒！可是，我爸爸很忙，忙著賺錢讓我們上學、吃飯，我要乖乖聽話，才不會讓爸爸媽媽生氣。

我們最討厭楊洋了，他最賴皮，就像我弟弟一樣。每次猜拳，我出「石頭」，他出「剪刀」，就說我慢出，不算重來；要不然就「變手」出「布」；玩象棋，快輸了，就把棋子弄亂，要不然就偷看，輸了，就罵別人，說是別人害他輸的。賴皮鬼，喝涼水、打破缸，割破嘴。在家裏，爸爸要我讓弟弟，在學校，這種人就慘了，我們都不要跟他玩。

還有姚一葦，最喜歡嘲笑別人，明天，他如果敢笑牛秉新，我就要罵他「神經病」，然後，我要找牛秉新一起玩，叫他不要怕，只要有我在，沒有人會欺侮他。

父母的省思

一．對孩子來說，「朋友」是一個新世界，於其中，小孩的生活的經驗更拓展了，也學習一些社會技能，更因爲被「同輩」接納，而增強了對自我的信心。

二．家庭是孩子接觸的第一個小社會，孩子很自然地會把與家人相處的經驗，帶到學校生活。經常被忽視、批評或打罵的小孩，他們知道自己做錯了，自己不好，但，並不知道可以怎麼做、怎麼說會更好些。他們在學校可能呈現退縮的狀況或不穩定的情緒狀態，常想發脾氣或覺得別人會攻擊他。

三．具有某些特質的小孩，在同伴中較受歡迎：有自己的意見、碰到衝突會想方法解決、玩的能力很好；不亂發脾氣，但會用嘴巴表達情緒；遵守遊戲規則、不耍賴；能幫助別人的。

如果，父母親能利用生活中的事情及兄弟姐妹的衝突，幫忙孩子學習社會性的行爲，將有助於孩子走入同伴的世界。

我是一個壞小孩?

孩子的心語

熊熊，我跟你說：

今天下午，媽媽到幼稚園接我和弟弟回家，經過賣紅豆餅的地方，媽媽問我們肚子餓不餓?想不想吃?其實，那時候，我肚子咕咕叫，有一點餓；但是，想到媽媽說賺錢不容易，不要亂花，所以，我就說：「我不要吃，快到家了，回家吃飯就好了！」弟弟在一旁小聲說：「我要吃。」我瞪了他一眼，又大叫：「不要吃啦！」媽一聽就說：「你看，你又亂發脾氣了，講話不要那麼兇嘛！你肚子不餓，你不要吃，弟弟肚子餓，他要吃。」我聽了好生氣，我跟媽媽說要吃餅乾、口香糖，媽媽就說我一天到晚只想吃，不會節省，賺錢很辛苦……，弟弟吃都可以，我吃就不可以?我小聲對弟弟說：「你敢吃，我的火車就不借你玩！」弟弟真的不敢吃，可是，媽媽問他：「爲什麼不吃呢？」他竟然把我說的話告訴媽媽，太可惡了！爲什麼今天我想做一個乖小孩，可是，媽媽都不知道呢？

我知道，都是弟弟害我的。昨天也是，我在玩樂高玩具，他說他也要玩，每次都這樣，我玩什麼，他就要跟我一樣，我不給他，他就用搶的，我推他，叫他走開，他就哭，然後，媽媽進來了，說：「你又打弟弟了！」我說：「是他先搶我的東西。」媽媽說：「我跟你說過多少次了，弟弟比你小，而且只有一個親弟弟，你要多愛護他，玩具借他玩一下，有什麼關係？這麼沒度量！再說，打人就是不對的行爲，你知不知道？」每次都要我讓他，爲什麼大的就要讓小的？爲什麼媽媽不先生弟弟，要先生我呢？弟弟最假仙了，每次吵架，媽媽在的時候，就哭得更大聲，要不然就跟媽媽說，他好想玩××玩具喔！然後，媽媽就變成他的嘴巴、他的棍子，叫我讓弟弟，不聽話，就要打我。我不喜歡有弟弟，如果，家裏沒有弟弟，媽媽就會比較愛我，不會常常罵我了！

還有一次，媽媽叫我寫功課，寫一會兒，我也不知道怎麼搞的，就玩起車子了。突然，聽到有人說：「媽媽，哥哥又在玩車子了。」臭弟弟，最喜歡說我的壞話。每天，媽媽接我們回家時，都會問：「今天在學校乖不乖啊？」弟弟就會說：「今天有唱歌，吃綠豆湯，好快樂喔！」然後又說：「哥今天又調皮了，老師說他不乖。」哪有？我只不過是……媽媽說：「又被老師處罰了？爲什麼你總是不聽話？」多管閒事，幹麼說我的事呢？媽媽一定以爲我就是個壞小孩，大嘴巴，臭弟弟！

他以爲他多了不起，會背唐詩，會拼百利智慧片，我也會呀！可是，每次大家都說他好棒，說他玩具都收得很整齊，衣服都穿得乾乾淨淨的，不像我，老是髒兮兮的，又常常忘東忘西；當哥哥的都輸給弟弟，羞羞臉。每個人都說他又乖、又懂事，可是，弟弟爲什麼要把我的東西藏起來？又把我的彩色筆弄壞？看到媽媽罵我的時候，還在旁邊偷笑？

我做不好時，爸媽就說我：「那麼大了還不會，連弟弟都比不上。」我做好時，就說是應該的，要給弟弟當個好榜樣。弟弟、弟弟、弟弟，我怎麼做，都不會比他好，那麼，我就故意不要跟他一樣，我要髒髒的、亂亂的，當個壞小孩。雖然，被罵的感覺刺刺的，可是總比不被爸爸媽媽注意到好。

熊熊，你知道嗎？只有你會聽我說話，每一次抱你的時候，軟軟的、絨絨的，好舒服喔！其實，弟弟有時候也很可愛，我也不是不喜歡他，只是……如果……

如果，弟弟搶我玩具時，媽媽對他說：「那是哥哥的玩具，請你尊重哥哥！」

如果，我和弟弟都喜歡一樣東西時，媽媽叫我們兩個人猜拳，贏的人先玩，輸的人不可以哭，也不可以賴皮……

如果，弟弟說我的壞話時，媽媽說：「那是哥哥的事，我們來聽聽哥哥怎麼說。」

如果，大家誇獎弟弟時，媽媽說：「我們哥哥也是個好孩子！」

如果，我做錯時，媽媽不要說「弟弟都不會做錯」，而說：「做錯了，沒關係，再來一次！」

如果，爸爸媽媽抱弟弟時，也一起抱抱我、親親我！

那麼，我願意和弟弟一起玩，也會努力做我要做的事，也不會常常發脾氣，因爲，我在爸爸媽媽心目中，是個好小孩，好哥哥呀！

熊熊，我累了，要睡覺覺了，晚安！

父母的省思

父母希望孩子能相親相愛，兄友弟恭，家人一家親，父母相信自己不同的親職態度能影響兄弟姐妹間的感情，創造不同的手足關係嗎？

第二章 親子指南——明確父母的教育方向

如果親子關係是愛之船，父母就是舵手，舵手必須先決定船的航向要駛往何方，船才不會在原地踏步，或迷失在汪洋大海中，在親子關係中，父母想要教育出什麼樣的孩子呢？父母要以什麼樣的教養方式與孩子相處呢？一般的時候父母受其成長經驗的影響，複製自己原生家庭的教育方式，或者採取和父母完全不同的方式對待下一代，有時甚至於是用個人當下的心情起伏對待孩子，以至於產生愛的不夠、或愛的太多，管教的太鬆散、或過於嚴厲，或者父母覺得送很多愛的禮物給孩子，而孩子卻感受不到的挫折。其實，愛和教育是可以並行的。這一部分將和父母一起分享和教養有關的價值觀：如：金錢管理（零用錢、壓歲錢的處理）、情緒發展的助力、語言發展的過程、人際關係的養成、小新鮮人的學校適應等等，並提供一些原則，給父母參考，幫忙父母在生活中落實愛與教育。

寶寶有耐性嗎？

要培養寶寶的耐心，與父母是否有耐心有直接的關連。

孩子可以改造嗎？

這是個晴朗的下午，媽媽和三歲的小明在家中，小明正玩著玩具，他把積木一個堆在另一個上面，然後打倒它，玩了二、三次後，又拿起魔動水王、火王，嘴中唸唸有詞的比劃一番，沒幾分鐘又拿著小天使、紫葡萄四處跑，就這樣看到一項玩具，沒玩幾分鐘又被另一項吸引住又去玩幾分鐘……媽媽看在眼裏，心裡想著，這個孩子怎麼這麼沒有定性呢？變來變去的，都不能專心的做一件事。這時，媽媽看見小明正拿起拼圖，沒幾下又玩起熊貓，媽媽說：「不可以這樣，做事情不能半途而廢，一定要有耐心拚完圖才乖！」小明又坐回桌前，「哎喲！」「爛拼圖」「我背好癢」「口渴了，喝水」情緒變得很浮動，媽媽一不注意小明又畫起畫來了。媽媽也覺得煩躁，就帶小明去公園玩，走到路上，碰到隔壁媽媽，兩人個人聊了起來，小明在旁一直催促走，大叫大跳，媽媽覺得很懊惱，這個孩子怎麼這麼沒禮貌，等一下也不行，像猴子一樣毛躁，怎麼都不會忍耐呢？經過超市商店，小明說要喝養樂多，媽媽說家裏有很多，等回到家就可以喝，小明一聽哭了起來，媽媽更生氣，又不是不讓你喝，等一下回到家就好，怎麼這麼沒耐心呢？

媽媽心裏在擔心什麼事呢？小明這麼沒耐心，注意力不集中，以後上小學怎麼辦？上課若不專心，程度就跟不上同學，沒有成就感，就不喜歡讀書了怎麼辦？而且，做事虎頭蛇尾的學習態度也不正確，做事碰到困難就不完成怎麼可以，有挫折更應勇敢面對挑戰才對。更生氣的是，一點都不會體諒別人，才說幾分鐘的話就等不及，不能喝到馬上想喝的東西就受不了，人生怎麼可能「稱心如意」呢？

媽媽從小明今天的現象「推測」到明天的可能結果，怎麼想都是些不好的結果，因此，更覺得有一股「使命感」想來改造小明，改造有可能成功嗎？似乎只有反效果，且將父母逼到死胡同中，爲著些不一定會發生的未來事件焦慮。事實上，這個年紀的小孩，從發展上來看，正常的能力是什麼呢？父母可以如何與孩子相處，使得孩子的成長環境，更有利於耐心的發展呢？

嬰幼兒的特性

如果，我們將耐心定義成，「專注做一件事情的能力」以及「忍耐、等待的能力」，在理論上認爲二、三歲的孩子有幾個特性：

一、二歲的孩子，看到一個目標，會走過去看看，時間很短，又轉看另一個目標，再過去看看，如此不斷循環。直到三歲，會花多些時間，在一、二樣事情上，「動」的欲望仍強，注意力約可增加三至四分鐘。

二、三歲的孩子，已能漸漸學習忍耐、等待能力，這項能力與幾個因素有關。

a.孩子較有自信心，因此情緒較穩定。

b.孩子的生理發展較穩定，如：走路平穩、大小肌肉較靈活，自己能操縱身體的能力及體力都變佳，這促使孩子較有自信心。

c.語言能力增加，孩子在透過語言表達自己的意見、情緒，以及聽別人、了解別人講話的意思等能力增強，對於自信心也有幫助。

因此，父母與這個年紀的孩子相處時，須有以下的心理準備：

①尊重孩子發展上的能力，而不是更高的期待。孩子的專注力會在自由的選

擇玩具、活動過程中逐漸成長。

②尊重孩子所選擇的活動，同時不干擾他。有些父母覺得孩子只不過是在玩，因此，常在自己有意見或需要時任意呼叫孩子，譬如：「大寶，幫我開燈。」、「小英，你要不要吃東西。」、「不要看電視快出來吃飯。」等，大人希望孩子能養成專心的能力，卻在無意識下破壞他的成長，可不慎哉！

③主動滿足動的需要。陪孩子丟球、跑步、溜滑梯、盪鞦韆、排積木、撕紙、塗鴨等活動，提供孩子操縱活用其身體大小肌肉、感覺統合的能力，孩子愈能自主其身體，則愈有自信。

④當一個人做自己有興趣、喜歡的事，則較能專注，且有耐心去克服難關，孩子也是一樣。如果培養孩子有較多興趣，並去玩時有成就感，就更有動機持續下去。如何協助孩子意識到自己內在成就，變成是件重要的事。

⑤培養說話及表達正向、負向感受的能力。（負向感受包括：我討厭爸媽說話說那麼久都不理我、我不喜歡做……）一個孩子若常詞不達意，或說不出自己生氣、憤怒、不滿的感受，壓抑在心中，必有挫敗感，而顯得急躁不安。心中的垃

圾情緒若能常常排出，才可能心平氣和，也較有寬裕的心學習忍耐、等待。

⑥孩子以自我爲中心，較少考慮他人的情況，一直持續到八歲左右。因此，希望孩子（譬如：自己和朋友電話聊天，而希望孩子不干擾）只會讓自己精疲力竭，情緒更難處理。

⑦難道，父母要放任孩子做任何他想做的事嗎？事實上，這只適用於孩子選擇自己的玩具、活動，一旦孩子的行為影響另一個人時，（如：打人、超過吃飯的時間也不吃飯、想拿家人的東西而家人不在、或父母沒有預算下想買東西時）父母須用堅定、溫和的口氣出面處理，如：「我知道你現在很生氣，你可以用說的，不可以打人。」、「我知道你很想拿哥哥的玩具，可是等哥哥回來我們再向他借。」、「你想喝養樂多，但是媽媽現在沒有準備錢買。」

⑧穩定孩子的性情。當然，孩子會因爲期待落空，欲望不能立即滿足而情緒不好，這時，如果，大人打罵或威脅、恐嚇、不准哭鬧，則在無意間抑制了孩子表達負向的感受，對培養等待的能力，也沒有助益。

這時候，要安撫孩子的心情，告訴他你知道他很失望，拍拍他、抱抱他或在旁邊等他哭夠了再走，更能幫助孩子克服心中關卡，而轉爲學習動力。

看到這裏，也許你和我有相同的感受，即：要培養孩子的耐心，與「父母是否有耐心」是有直接相關連。如果，父母沒有耐心包容孩子既有的能力，並在生活中持續地穩定孩子的情緒、增加孩子的自信心，那麼，就無法預期這顆耐心的種子，會像傑克的魔豆般發芽、茁壯成長。

安全的親子關係是嬰幼兒情緒發展的動力

請您讀一讀故事情境，並勾選出你是那一型的父母

故事情境(一)
凱凱玩著玩著，哭了起來

（以下孩子的年齡均屬一至六歲的幼兒）

A型父母可能的反應：我正在洗衣服，那有功夫去看他？就讓他多哭些，當成運動吧！

B型父母：真討厭，不是才剛吃飽，怎麼又哭了呢？真是磨娘精。

C型父母：怎麼辦呢？每次他哭，我都不知道應該怎麼辦，也跟著想哭，爲什麼這麼容易哭，是不是有什麼毛病……

D型父母：凱凱在哭了，是不是尿布濕了不舒服？還是寂寞想找人玩！還是要說什麼呢？我來看看。

故事情境(二)

睡覺的時間到了，媽媽要恩恩去睡覺，恩恩不願意，雙腳亂踢，跳上跳下。

A型父母：這麼不安分，不順他意就鬧彆扭，不管他，等一下過了就好。

B型父母：只會忸、不聽話，存心和我過不去，再不乖些，叫警察（虎姑婆）來抓你！

C型父母：不睡覺，睡眠不足，就長不高，怎麼可以呢？不順著他，他要生氣，太順著他，萬一寵壞他怎麼辦。

D型父母：恩恩一直跳，想說什麼嗎？覺得行動被干擾了，（還想玩，捨不得去睡覺）所以很憤怒吧！我來抱抱他，告訴他，我知道他很生氣、疼疼他，和他約好五分鐘後再去睡。

故事情境㈢

安安興奮的對父親嘰哩呱啦說了一大串話。父親搖搖頭，說：「你要講什麼，誰聽的懂？」，安安嘟著嘴，用手打自己的頭……

A型父母：隨便他要做什麼就做什麼，不要來吵我就好。

B型父母：打自己的頭，在威脅我嗎？等一下，我太太（先生）看到了，又要罵我連小孩也照顧不好，害我們再度吵架。

C型父母：是不是我說錯，傷了他的自尊心？這麼小就會傷害自己，以後長大還得了？會不會把頭打笨了……

D型父母：安安想說什麼呢？他一定很挫折別人聽不懂他說的話，也生氣自己，爲什麼心中想的事，嘴巴卻不能暢所欲言呢？我先抱抱他，安撫他的情緒。

故事情境㈣

平平看到父母要外出，一直哭個不停，緊緊抱著媽媽不放……

A型父母：先騙他不去了，等一會，趁他不注意時，再偷偷溜走。

B型父母：怎麼這麼黏人呢？害我上班遲到又要請假，真急死人，再不放手，就打人了。

C型父母：這麼大了，還這麼依賴，我又不是一去不回，是不是心理有毛病？還是我那裏疏忽了，他才這麼沒安全感嗎？

D型父母：這個年紀的孩子，看不到東西，就以爲不見了，他一定以爲爸爸媽媽出去，就消失了，很擔心會失去爸媽，所以才那麼害怕，我也抱緊他，向他保證一定會回來，我很愛他。

測驗結果剖析：**你是那一型父母？**

有些孩子天生就較愉悅、愛笑，有些卻常哭、易怒，每個孩子天生就有不同的情緒氣質，在二至三個月大時，就顯出個別的情緒差異，並影響著日後的人格發展，您家中的寶貝有什麼情緒特質呢？雖然孩子天生氣質不同，但許多研究也發現父母親對待子女的方式，亦會改變孩子氣質型態，幫忙孩子有更穩定的情緒發展，或相反的較惡劣適應的情緒表達，根據筆者的經驗，概略地將常見的父母親教育態度分析四型（忽視、拒絕、焦慮、安全），以此來說明，可能會產生的親子關係及對孩子情緒的影響。

A型父母：忽視型教育態度——對孩子的事較不關心，抱著多一事不如少一事的態度，他們本身很難表達自己的情感，也不與孩子有較多親密關係，不喜歡抱、親吻孩子，在身體上、情感上和孩子保持距離。

B型父母：拒絕型教育態度——他們覺得孩子很麻煩，常令人生氣，有時心中略浮敵意，想去掉、威脅、打或處罰孩子。

C型父母：焦慮型教育態度——他們對孩子目前事件常有手足無措的緊張，也十分焦慮自己的育兒方式正確嗎？孩子安全嗎？常有許多害怕從心中而生，無法把較多的心思放在研究孩子的需要上。

D型父母：安全型的教育態度——他們對孩子的外在行爲很敏感，將之視爲孩子表達內在需要、目的的一種表現方式，並不斷地確定自己是否真的了解到孩子的內在狀態，他們樂於安撫，回應孩子的聲音，當孩子看著他時，會對孩子說話，並常做身體上的接觸。

我們絕對無法論定一對親子的安全關係是由父母親的教育態度，或嬰幼兒的氣質單方面造成的，即使是嬰幼兒也常以各種行動來影響父母，親子關係可以說是一種「相互調節」的過程，但如果，父母表現安全的教育態度，即能正確「讀」出孩子的行爲意義，並從不斷嘗試中，揣摩出適當的反應，孩子將更能了解自己的情緒需要。而且孩子哭時，父母回應，帶給孩子被幫忙、舒適的感覺！孩子想接近他人時就笑，也能引起照顧者的笑聲，如此，孩子得到一種行動的成就感，對自己有自信心，同時也加強了嬰幼兒與他人的連結感，認爲「父母親」是可靠的，外在世界是值得信賴的，這種情緒上的依附，使孩子相信自己會得到照顧，而不須要緊靠父母，反而樂於去探討環境，嘗試新事物，以新的方式解決問題，對日後不熟悉的情境也較自在，對挫折的容忍度較強，也較能堅持努力下去。

但是，如果，在親子相互調節的過程中，嬰幼兒的情緒訊號被忽視、拒絕，或父母忙於自己的內在焦慮，而沒有回應孩子的訊號，嬰幼兒會因沒有回應，而停止再發出訊號，試圖以吮吸手指（或其他東西）或搖擺身體、發出哭叫聲等來安撫自己；但一陣子後，嬰幼兒會再重建互動模式，但若發出訊號，又得不到父母回應時，一再失敗、和父母互動受損的結果，使得嬰幼兒退回自己世界，他們會覺得無力引起他人反應，自己是不可靠、沒有用的，別人是不可相信的，嬰幼兒將變得悲傷、退縮、易怒。有情緒時較不易穩定下來。

如此說來，安全型的父母教育態度，不但有助於親子間互相調節的作用，也形成安全的親子關係，使嬰幼兒在生活中了解到自己的情緒、行爲，也因爲父母能理解接納嬰幼兒的情緒、行爲，而增強了孩子的自我接納。除此之外，安全的親子關係對於孩子處理自己的情緒亦有積極的功能。

每一個孩子本身都會調節自己情緒，譬如說，當他們覺得痛時，可能會以哭；把頭轉過去；閉上眼睛（轉移對「痛」來源的注意力）；搖動、撫摸自己；吸吮拇指等方式來自我安慰。如果，父母親在孩子痛苦時，亦能提供直接的幫助，在無形中，將給孩子一股力量，使他從心中衍生更多的能量，更努力來緩和自己的痛苦，並以適當方式表達情緒。父母可能的直接幫助，如：

1.摟緊、擁著孩子。

2.提供食物、奶嘴或其他形式的慰藉。

3.用語言、行動，幫忙孩子了解自己的情緒，引起此情緒的原因，或指出減緩此情緒的方法。

如：球滾到桌子下面拿不到，孩子又哭又叫時，父母可說：「你好生氣！生氣拿不到球，我們來拿根棍子把球撥出來……」

安全的親子關係是須要營造的，安全的教育態度是要不斷學習的，因爲孩子，我們的同理心，感受性、身體親密性、自我洞察（如：我是那一類型父母，那些成長經驗影響我成為這類型父母）及創造性解決問題能力（孩子有正向、負向情緒時，我可以如何回應，會讓孩子覺得安全？）得到再次成長的機會，能身爲「父母親」是何其的幸運呢！

幫助孩子，語言發展更「溜」

婉君表妹：

才記得剛參加妳兒子的彌月之慶，一轉眼，小寶貝兒就二歲了，好快喔！妳來信說，最近參加了同學會，大人小孩共聚一堂，看到了同學對待他們孩子的態度，令妳感觸良多。

妳說，黃君是一位「孝」子媽，相當敏感孩子的需要，只要孩子哼哈一聲，手勢一指，要的東西就到手了；江君的女兒在大人的逗趣下，不斷地說著些發音不準但可愛的兒語；劉君則採放牛吃草制，因爲，她認爲小孩什麼也聽不懂，時候到了，長大些，就自然會說話；林君恰好相反很心急於孩子不太會說話，逮到機會就要訓練，也不管會不會造成孩子的壓力；林君認爲：語言能力好的小孩較聰明，也較成熟，父母有責任，不管是用威脅利誘方式，都要訓練孩子；王君則煩惱孩子口吃，她認爲，只要孩子注意一下，「應該」可以把話說清楚，有口吃是不應該的；周君和兒子間宛若一般大戰，雙方各堅持己見，孩子則不斷說著

「我不要」、「妳最討厭」等令大人覺得沒面子的話……

哇塞！大小姐，我可真佩服妳敏銳的觀察及不斷反省的心態，妳問我：大人須要經常和孩子說話嗎？小傢伙聽的懂嗎？父母須要做些什麼事，可以幫忙孩子在日後語言發展上較順利，而不會像妳一樣羞於表達或一緊張就結結巴巴說不出話來。

孩子聽得懂我們在說什麼嗎？我相信妳必然有過這樣的經驗，當妳叫他名字的時候，他會回頭看妳；當妳大聲斥責他說，他會哭的更大聲且黏著妳不放，因爲他很擔心被拒絕，更擔心妳不要他了，孩子說不出來，但他會用造物者賦予他的替代性語言來接近大人，也使大人藉機了解孩子的需要。還記得，妳小寶貝兒的哭聲嗎？每當他哭時，我們就猜著：是肚子餓了嗎？尿布濕了嗎？口渴嗎？不舒服嗎？從那一剎那起，我們就用著心，開始注意孩子的感情及他想說什麼，如果，我們滿足了他的需要，他就停止哭泣，因爲他知道大人了解且滿足他了。再長大些，孩子會用手勢、牙牙兒語表現自己，這些都是替代性語言。可別小覷牙牙兒語喔！它可是學習的發跡，它是幼兒發聲系統發展後的傑作，對幼兒來說，它不是一種交談，僅僅是一種遊戲及小孩初步控制發聲器的練習，因爲有它，小孩以後才能模倣他人的語言。這些替代性語言持續使用到八個月大左右，這時候的語言發展屬於「被動語言」，意即：聽別人說話，了解他人說話的意義，之後，孩子才會漸入真正的語言。兒童工作的專業人員常常鼓勵父母以「體會孩子的心情」和小孩相處，然後再進行以下二步驟的工作，**第一：大人用語言表達出自己對孩子需要的了解及情感的共鳴；第二：付諸行動**。譬如說：孩子的玩具揮到地上，撿不到，哭了，先反應他的情感，「拿不到玩具，好生氣喔！然後，才抱孩子或自己撿起玩具。」如此親子間的傳達帶就搭上線了，透過如此的互動中，孩子感受到父母的關愛，並對於自己的需要可得到滿足，而產生對自己的信心和對大人的信賴。在情緒穩定的狀況下，孩子更願意主動模倣自己喜歡的大人說話。妳的小寶貝兒會不會模倣妳說過的話呢？好可愛對不對？

誠如妳所說的，如果替代性語言太容易使用，並立即可得到滿足，將會降低孩子說話的學習意願，不可不慎乎！（也許父母滿心歡喜自己和孩子有默契、母子連心，孩子不須多說什麼我就明瞭了，沒想到，反而抑制了孩子的語言學習，是不是很諷刺呢？）

當孩子進入「主動語言」，即學講話階段，那影響語言發展的因素就更多了。

有些人認爲，語言發展是獨立的，事實上，在生命最初幾年中，語言和運動發展是並行的，因爲，神經系統發育完成後，使得運動、語言技巧有基礎，在兩者的互相配合下，均會有更好的發展，因此，提供孩子有較多身體接觸的機會，常常和孩子運動身體，一起玩、丢東西是很重要的，妳老公不是不太清楚怎麼當爸爸嗎？那就建議他常和孩子一起玩吧，對語言發展不但有幫助，更有利於建立父子之情喔！

妳知道嗎？有一項研究指出：如果，十七個月大的孩子常聽別人說話，也感覺到大人鼓勵他說話，是有助於語言發展的。讓孩子有「聽」的機會及「說話的誘因」是重要的，而這些事在平常的生活中就經常可能出現，譬如：當妳讀書給孩子聽時、散步、洗澡、到公園玩、坐車……都可能和孩子分享他們對世界、書、詞句的了解。如果，妳很樂於問小寶貝兒：小金魚在那裏？姐姐在做什麼？這個球軟軟的還是硬硬的？水冰冰嗎？還是溫溫的？如果，孩子說不清楚，只須用正確的發音，再說一次，孩子自然就會學習，小心喔！如果妳覺得孩子說話不清很可愛，不斷增強它，那孩子會習慣或自然喔！如果，孩子說的很恰當，別吝於稱讚他講話好好聽喔！曾經有位媽媽常和小孩玩「喂！喂！喂！我是××（任何人、物、名詞），你是誰？」的接龍遊戲，說話就變成一件有趣的事了。妳們常常玩些有趣的語言遊戲嗎？妳覺不覺得，當媽媽後，智慧受到很大挑戰，常常會挖空心思創造些遊戲和孩子相處，搞不好，我們就愈來愈聰明囉！

「親子關係」也是一項關鍵性因素。由於孩子「知道的」比「說得出口」的能力好，因此，他常處於「說不出來」的挫折中，再加上，別人聽不懂他說什麼，或者不能事事如願時，都會令他十分煩惱。尤其是，孩子到了兩歲，自我意識萌芽，所以，對很多事都有自己的意見，如果，父母期待孩子是聽話、柔順、乖巧的，那親子間容易造成衝突緊張、對立狀態，而會間接造成孩子語言發展遲滯。怎麼辦呢？我有些心得，願與妳分享。

①儘可能讓孩子決定他個人性的事情，如：玩什麼、穿什麼衣服、吃多少飯。如此，不但鼓勵他「說」，更培養了他做決定的能力。

如果，孩子必須要做的事，也讓他有選擇的可能，譬如：要孩子選擇現在收玩具或五分鐘後收拾；先穿衣服或先穿褲子。以減少孩子說「不」的機會。

②接受孩子有權力表達負向的情緒。還記得，我的孩子小慕嗎？他曾經要求

在飯前吃糖果，我不同意，他氣的哇哇哭，說我是個壞媽媽，最討厭了，我能了解他吃不到糖的心情，所以抱抱他，還帶他去打枕頭洩怒。這是我經過許多次母子對立後的頓悟，孩子須要的是情緒支持，惟有他的情緒被接受後，他才有餘裕來面對問題。經常須要壓抑自己感受的小孩，將會認爲自己是錯的，而退縮到個人狀況，不樂於與人交談。如果孩子不能說出負向的感情（包括：生氣、憤怒、敵意），他又怎能學會表達正向的感情呢？

③幫忙孩子學習更適宜的表達方式。小慕一興奮起來就會打人，我直接拉他的手說「用摸的」或「快樂就拍拍手」或教他可以說「我好快樂喔！」。孩子可以表達負向情緒，但不可以打人，他們可學著用口語說出來，或丟軟物，打枕頭，撕紙來表達心意。

④在孩子影響他人或自己安全，或妨礙社會規則時，須介入處理，介入時，不須在言語上爭執，而是以行動表示。如：爬到桌子上，直接抱下來，或轉移注意力。

⑤以寬容的心態，接受孩子不完整、不順暢的說話。畢竟，這是任何一個人在學習說話中，都有的共同經驗，經常糾正、打斷、要求或嘲笑孩子說的

話，並不能幫忙孩子，只會增加他對「說」的恐懼。而且，父母的焦慮、神經質也會傳染給小孩，更加深孩子對自己是「無能」的看法。

除了生理因素外，孩子的語言發展並不須要特別訓練，發展的快慢，只代表個別差異罷了，與智商無關，只要孩子的情緒穩定，並感受到環境是安全的，做錯了、說不好也沒關係，沒有人會罵我，並在生活中有些說話誘因，也經常地得到鼓勵，他的說話能力就自然而然的進步了！

如果，妳說話結巴時，妳希望老公說什麼呢？「不會說，就不要說」、「講話結巴一句也聽不懂」，還是拍拍妳，說「沒關係，慢慢來」、「你的意思是不是……」那一種說話方式較能緩和妳呢？想必孩子和我們有著相同的心情吧！

姐字

全家福

祈

父母如何引導幼兒看電視

對幼兒來說，電視提供了各種可能性，它滿足孩子的視覺感、想像世界、語言表達的刺激及如何與別人相處的社會化學習等等。但是，看電視也可能是一種寂寞的活動，它減少了幼兒與家人的互動，也同時使孩子喪失了「和他人真實交往」可能須面對的衝突及協調的學習，更有許多研究發現，電視媒體傳達了暴力的示範，使得孩子的攻擊性行為有增多的傾向。然而，父母不可能完全禁止孩子看電視，因此，如何引導幼兒看電視，使幼兒的電視經驗更有積極功能是很有意義的。

在此提供「四要、三不」原則與父母分享

㈠ 四要原則

①要鼓勵孩子以看電影的方式來看電視，和孩子一起選擇他想看的節目，看完後就關掉電視。

②要和孩子討論「他看到的劇情內容」及他對主角的看法，有時，父母須指出電視內容與事實不符處，讓孩子了解「演戲」和「現實生活」是不完全相同的。

③若孩子看較暴力的節目，父母更須和幼兒一同觀賞，並分析主角使用暴力的原因，也和孩子一起動動腦，想一想除了打架、爭吵以外的解決問題方法。

④要以多元方式使用電視，如：錄下有教育功能或鼓勵孩子合作等節目，幫忙孩子在方便的時候看；有時和孩子一起租錄影帶，也能避免孩子毫無選擇地看不良的電視節目。

㈡ 三不原則

①不要把電視當成保母，代替自己和孩子作伴的代理人，電視無法提供父母的情感與愛。

②不要把電視當成孩子無聊、或打發時間的唯一方法，父母可鼓勵或陪孩子發展其他嗜好，如：看書、拼圖、玩玩具、聽錄音帶，做家事，或到戶外

跳打球等。

③不要抗拒電視廣告對孩子的誘惑，鼓勵孩子用自己的零用錢買廣告產品，也許孩子買了產品之後，發現並不如廣告說的那麼好，它反而是容易壞掉的玩具，或不符合孩子口味的食物，漸漸地，孩子對廣告會產生一層保護膜，不再完全相信它，而成爲聰明的消費者。

如果，父母本身也能以身作則，養成良好的看電視態度，對幼兒來說，也是很好的學習對象。

讓電視成爲幼兒學習的正面力量，就從家中開始吧！

家庭內如何提昇幼兒的人際關係

父母愛孩子，但同時又負有「教育」的功能，然而教育孩子的方向是什麼呢？是依「父母個人的意見、喜好、焦慮或情緒」來教育孩子，還是「依什麼特質的小孩在社會上較受歡迎，適應較好？」

▲志明、小玉和爸媽，禮拜天要出去玩，要去那裡呢？唸幼稚園的兄妹，可不可以提出意見呢？

「孩子還小，會有什麼意見？」

「可以啊！我讓他們說一說，最後，還是由爸媽決定。」

「可以啊！只要他們想去哪？父母就一定要去哪！」

還是——

「可以啊！如果大家都想去，就一起去！」

可是，志明和小玉想去的地方不一樣吧！怎麼辦？

「看爸媽喜歡去哪，就去哪！」

「誰平常比較乖，比較聽話就去哪！」

「誰的意見比較好，如：逛書店比去兒童樂園好，就去那！」

還是——

「猜拳，贏的人決定。」

「全家表決，多數票定案。」

「輪流，這禮拜去一個地方，下禮拜去另一地方。」

「找出第三個地方，全家人都喜歡的地方。」

▲中午吃飯時，兄妹倆見到喜歡的炸雞塊，就不停地吃，怎麼辦？

「孩子那麼愛吃，就全部給他們吧！」

「不給孩子吃，萬一哭鬧不停多沒面子呀！」

「哥哥那麼胖了，不要再吃了，妹妹吃就好了。」

「媽媽想：我不吃沒關係，趕快拿些給先生，不然，他會生氣說孩子沒禮貌。」

還是——

「爸媽也是家中的一份子，有吃的東西，大家一起吃，吃不夠，還想吃，下次再多準備些！」

▲飯後，志明拿出自己的玩具玩，妹妹想玩，但哥不想給，怎麼辦？

「當哥哥的，不要那麼小氣，要懂得疼妹妹。」

「妹妹哭鬧不停，哥哥拜託你快給她，不就沒事了嗎？」

「兩個人吵來吵去，成何體統，都不准，再吵回家一起算帳！」

還是——

「哥哥的玩具可以決定要不要借妹妹玩，如果，哥哥不願意是爲什麼呢？平常，妹妹會不會借哥哥玩呢？」

◎這一天結束後，兄妹學習到什麼呢？

孩子可能體會到——

①我的意見不重要，爸媽的意見較好，爸媽較能幹，我不行。

②我不可以做任何事，都是由爸媽決定的，我沒有自主權，生活等著別人安排就可以了。

③對爸媽的決定不服氣，但有說不出的挫折感。

④只要哭一哭、皮一皮，爸媽罵一、二句，就能得到想要的東西。

⑤人和人之間最好不要有衝突，真的發生時，可用打、處罰來擺平。

孩子也可能有另一層體會及學習——

①爸媽常會聽聽我的意見，我是個能幹的孩子（充滿自信心）。

②有時爸媽聽我說話，有時我也願意像爸媽一樣聽聽別人怎麼說，雖然別人的東西，我很喜歡，但是我需要尊重別人（尊重別人的能力）。

③有些東西我很喜歡，可是別人也喜歡。媽媽知道我喜歡下次會幫我們多準備些（分享、延宕滿足能力）。

④有衝突、吵架是件自然的事，沒有大人會罵人或不公平。哭鬧耍賴都沒有用，但有些方法可解決（理性解決問題的能力）。

父母不同的說話方式就造成子女不同的特質。這樣兩組孩子的特質，那一種特質較受同伴歡迎呢？

以學齡前孩子來說，除了具備：自信、尊重別人、理性解決問題能力、分享、延宕滿足能力較受同伴歡迎外，玩遊戲的技術及能否遵守遊戲規則，也是相當重要的事。

但這些能力絕無一蹴可及的，它必然是從最原始、不成熟的狀態，慢慢成長而來的。這過程中，父母的教育態度扮演著舉足輕重的角色。

父母愛孩子，但同時又負有「教育」功能，但教育孩子的方向是什麼呢？是依父母個人的意見、喜好、焦慮或情緒來教育孩子，還是依「什麼特質的小孩在社會上較受歡迎，適應較好？」當孩子固著於原始的行爲而跨不出成長的步伐時，父母可以如何幫孩子渡過難關呢？

父母可掌握的原則如下：

①在情緒方面，給孩子最大的支持。

情緒高於理性是學齡前孩子自然特質，因此在孩子過不了關，不願學習時，自然會表現哭鬧耍賴等行爲，這時父母可抱抱拍拍他，表示了解孩子的心情，如果，孩子想哭，可在某個地方哭哭再說。

另外，當孩子進步時——譬如：原本不如意會哭哭鬧鬧，後來不再發脾氣；

很想拿哥哥的東西，但哥哥不同意，猶豫很久後，仍沒有動手拿；從一面堅持自己意見，到達能夠採輪流、猜拳或其他協調方式解決問題；很想吃更多食物，但能控制自己不把它吃光；一直要賴到能遵守遊戲規則；本來不會玩三字經、紅綠燈、樸克牌，而漸漸學會了；本來不會說自己的意見，後來試著說出來……等細微的轉變都是種進步——適時的鼓勵是重要的。父母可以說：「進步了！」、「長大囉！」、「真不簡單的！」、「好厲害，怎麼做到的呢？」這些話不但能讓孩子意識到自己能主宰自己，覺得有成就感，更能令孩子將此成就內化成持續成長的動力，對於情緒穩定也有很大功能！

②在情緒平穩後，帶孩子進入解決問題的系統，提升理性能力。

即問問孩子：「那些事，可以怎麼解決呢？」如果，孩子有方法，盡可能鼓勵孩子試試看。如果，孩子提不出方法，父母提供兩三個方法，由孩子選擇，漸漸地，孩子解決問題的方案資料庫增多時，父母的意見就可愈少出現。

③良好的親子關係。

一位頗願意聽孩子說話，不批評、能肯定孩子的父母，孩子較願意說出同伴間發生的事，父母才有機會幫忙孩子了解到「自己的行爲與同伴反應的關係」，也較能幫忙孩子進入需要學習、成長的方向。

但，有些時候，囿於父母沒有親眼目睹孩子間相處的情形，而孩子也說不出自己的需要，這時候，父母就需要專業的機構協同教育孩子。人爲的幼兒人際關係團體，在專業老師的引導下，使孩子從彼此的互動中，立即地了解自己、其他小朋友，及在人際關係上，須再學習的方向。

父母如何培養孩子的人際關係

我們的孩子成長到二歲時，看到其他的小朋友開始會呈現愉快的樣子，即使是各玩各的，也很心滿意足。漸漸地，成長到三、四歲時，不但呈現出想接近朋友的心情，同時，也和同伴有相互作用產生。這時，我們的孩子已經進入生命周期的另一階段——發現生活中，除了熟悉的自己、父母、家人外，還有一些與我相類似的人。自己要從父母身旁獨立出來，並學習和同伴分享其他大人、玩具。在這段歷程中，孩子最大的需求仍是尋求大人的保護與照顧，但接近同年齡層次同伴的需求也是相當重要的。

孩子與其他同伴相處的過程中，我們常常會聽到類似的經歷。

①明明和小杰同時想玩盪鞦韆，明明表示是自己先看到的，小杰認爲是自己先摸到的，兩人相持不下。明明一屁股就坐下鞦韆，不理小杰；小杰嘟著嘴，在一旁……

②阿明一高興、興奮、緊張的時刻，就忍不住推人……

③小芬哭啼啼地說，阿明拿了她的樂高玩具，我不要跟他玩了……

④小翰得意洋洋地說，今天他揍了阿平一拳，誰叫他溜滑涕溜的那麼慢，看我的厲害……

⑤佩佩每天忙著帶自己的娃娃、玩具、糖果要請朋友，認爲這樣大家才會喜歡和她做朋友……

⑥小瑋和大家玩紅綠燈時，無法遵守遊戲的規則，不是自己修改規則，就是要賴不肯當鬼……

在這些過程中，孩子表達了他的人格特徵，並探索著自己被同伴接納的程度，也嘗試用一些方法解決與同伴相處時發生的衝突，有些時候，它帶給孩子挫折感，令孩子的情緒更不穩定，如果，周遭的人，能協助孩子從現有的能力中，發展出更理性、成熟的態度面對挫折，對孩子來說，這就是一種成就，而這成就感會增強孩子成長。

我們的孩子須要具備那些社會性能力，才能在同伴關係中成長，並享受著「生活情境中，有你，也有我」的平衡關係？

①說的能力，洞察自己內在的想法，並透過嘴巴（語言）**表達出來。**

譬如：「我想要……」、「我的意見是……」、「我不同意……」

②在不傷害自己和別人的原則下，表達自己的情緒。

譬如，大哭一場；用嘴巴敍述過自己的憤怒、難過；摀枕頭。但不同意利用他人來發洩情緒，如，罵別人「你是一隻大笨豬」「大笨蛋」或率性地攻擊他人。

③想辦法解決問題的能力。

譬說：自己玩玩具玩到一半，忽然想尿尿，又擔心同伴會拿走自己玩具，這時，除了擔心，緊張之外，能有其他方法，如：「告訴同伴不要拿走玩具，等一下還要玩」、「請老師幫忙看一下玩具」、「在玩具上做記號，表示是我的」等。

④具有一些解決衝突的基本能力。

譬如：兩個人同時想玩鞦韆，怎麼辦呢？在孩子的世界中，最常用的方式是：輪流、猜拳、抽籤等。這時候，有「等待一下」的能力是重要的。

⑤尊重自己，他人所有權的能力。

孩子有權力決定自己的東西要不要借給他人，即使是兄弟姐妹。若自己不被尊重時，須有保護自己的能力，如：「那是我的鉛筆，還給我」、「我不同意你拿我的本子」。

如果，孩子對他人的玩具有興趣，必須經過雙方同意，才可使用。

⑥玩的能力

在孩子的世界中「會玩」的孩子是最受歡迎與喜愛的。幫忙孩子熟練該年齡同伴的遊戲、玩具，不但能增加與同伴交談的話題，更有讓孩子有「我們是一國」的親密感。

⑦合作能力

這包括：「我們一起來做……」、輪流使用玩具、幫忙朋友解決問題，及共享一個大人等。

這些能力的養成，除了在與同伴的互動中揣摩學習外、最基本的學習是來自於家庭。

家庭是人類最早的團體經驗，這個經驗對孩子的精神、情緒上是有相當大的意義。它不但提供孩子模倣學習的機會（把家人互相相處的方式，推廣到與同伴之間），同時，家庭內親子關係的穩定與否，直接影響到孩子與同伴的關係。

在家庭中，是否也常發生某些狀況呢？兄弟倆爲爭奪電視遊樂器，而爭執不下呢？不小心打翻了杯子，弄濕了桌椅，而不知所措呢？走路跌了一跤，哭哭啼啼地，或一直怪罪是他人的錯；全家外出午餐，而每個人的喜好卻不盡相同而傷腦筋？如果家中有這些事，那真是好極了，因爲，這正提供孩子學習的實驗台。

曾經有位家長苦惱著每周日全家的午餐聚會，孩子喜歡吃西式速食，而先生喜歡江浙菜，在全家進行了一次討論後，表決結果，採輪流的方式，每個月第一周午餐由爸爸決定，第二周由孩子決定，第三周是媽媽決定（這個次序是猜拳的結果），並依序輪下去。在這過程中，孩子學習到：我是家中的一分子；我的意見對大家是重要的；每個人喜歡的東西都不太一樣；雖然，我們喜歡吃的東西不完全相同，但大家不會說誰的不好，也會想試試看；在被尊重之下，我也願意學習尊重他人，並與家人合作；解決衝突的方法有猜拳、表決、輪流……在如此生活化的經驗中，孩子的社會性不斷地被提升了。

因此，在實施家庭教育中，有些工作是重要的。

①常常聽聽孩子說話，並不即刻打斷或否定之。

孩子的表達常是詞不達意，或不夠完整的。唯有不斷地有練習的機會，才會順暢。一旦孩子能說出心中的想法，而對方又聽的清楚，且認真思考，對孩子來說，是有很大的成就的，且更會激勵孩子更有信心「說」。

②情緒對孩子是很重要的。

父母可能不同意孩子的某些行爲，但對於孩子的情緒必須是完全接納的。如：「你很生氣，就哭（打人）了！」

③以寬容的心態，面對孩子的失敗或不完美，並經常陪孩子討論解決問題的方法。

如：「以後你很興奮的時候，可不可以用別的方法告訴我。」如果，孩子想不出來，可提供幾種方式讓孩子選擇，如：用「說」的，告訴大家，你很快樂的事；拍拍手、用跳的等。

經常的聽聽孩子交朋友方式，並幫忙孩子有能力面對朋友也是重要的。如：問孩子「大家最喜歡誰呢？」、「爲什麼大家都喜歡和他一起玩呢？」從孩子的話中，整理出小朋友喜歡朋友的特質，讓孩子有個可依循的學習方向。

④明確原則，並要求全家人共同遵守。

譬如：約定好的規則必須依法執行；生氣時，不打人（包括父母）；使用他人東西前，須問過對方意見。

但，無論如何，人類總是在意識到內在滿足後，才可能有「給」的能力。換句話說，當孩子在維護自己權益時，是被認同的，他才有能力去尊重他人權益；當孩子努力控制自己尊重別人、遵守團體規則，學習等待的時候，如果能得到大人的了解與支持，他將更有力量要求自己做個社會人；當他覺得大人喜歡他，覺得他很好時，他才能以平和的心去對待朋友。有時，父母會在無意識狀態下，表現某些行爲，造成孩子的不安全感，而使孩子無法將心思投注在同伴身上，或僅將同伴當宣洩情緒的出口。

可能會造成上述狀況的原因有：

①孩子有被拒絕的感受，如：大人說：「你再不乖我就不理你了！」（把你送給別人）；將孩子放在一個不熟悉的環境中，而父母消失了；不斷地要求孩子趕快想辦法解決問題啊！重視知性訓練，少接納孩子的情緒或者父母常以情緒化方式對待小孩。

②孩子覺得和其他同伴共享一個大人時，自己是不被喜愛的。譬如：媽媽說妹妹多聽話，多有禮貌，不會亂跑，不像你都不乖，或花較多心思、精神在另一個孩子身上，而使孩子有不公平的感受。

孩子用衝動、情緒化的行爲來保護自己，或達到自己的目的，都是成長過程中必然的現象。父母的情緒化並不能協助孩子，反而使孩子陷入更大的焦慮中。唯有在不斷地被包容，在嘗試中學習（做錯了，沒關係，再來一次）之下，孩子才能在人際關係中，發展屬於自己的道路。

當孩子是——「小學新鮮人」

如果小叮噹「時光倒流機」真的存在，我們願意再度回到小學生活嗎？那段日子，我們快樂嗎？有什麼事特別讓我們印象深刻？有什麼原因吸引著我們想重溫舊夢？又有什麼原因讓我們不想再過一次學校生活呢？

也許，這些事情都是過去的事了，但這段經驗將影響著我們對小學老師、考試、功課等事情的觀點。隨著孩子上小學，它們將一一地浮現出來，並左右了我們對孩子的態度。

因此，我們在孩子未上學前，可以對自己、孩子進行什麼樣的心理建設？什麼樣的態度，有助於孩子的小學適應呢？孩子擁有哪些特質，才容易適應小學生活呢？

◎大班的丹丹這幾天一直問著媽媽相同的問題：上小學的時候，是不是考試考不好，就不能回家，要住在學校？老師會不會打人，不讓我們回家？如果是您，您會怎麼想？或怎麼回答他呢？

①對！所以你上課要專心，才不會考不好。

②老師打你們也是為你們好，這樣大家才會記住教訓，下次才不會再犯了。

③只要小朋友乖乖聽話，老師就不會打人。

④老師不會打人，你不要胡思亂想。

◎上了一年級的丹丹，開始每天要運筆練習，寫注音符號、唸課文。丹丹常常不唸課文，「因為老師也不會知道呀！」丹丹說。丹丹的媽媽開始傷腦筋了，如果是您，您會怎麼想、怎麼做呢？

①很生氣丹丹這麼小，就會投機取巧。

②覺得丹丹偷懶，不上進。

③想教訓丹丹有這樣的想法是不對的，要丹丹不可以這樣想。

④要丹丹多唸幾遍課文，以示懲罰。

◎老師在聯絡本上，寫著「字太潦草，可以寫的更好。」丹丹的媽媽又著急了，如果是您，您會怎麼想、怎麼做呢？

①我早就知道，丹丹你就是不用心，現在被老師說了吧！多沒面子！

②老師會不會認爲是我沒有盡到母親督促孩子寫功課的責任，孩子才會這麼糟呢？

③老師都這樣寫了，我一定要改進小孩的寫字情形，不然，老師以爲家長都不關心，沒配合，而對小孩印象不好，那怎麼辦？

④丹丹寫的字，我得一個個檢查，不好的就擦掉重寫，不然就再多寫十遍，我就不相信字不會變好看。

上面所提的這些想法對丹丹有多少幫忙呢？除了上述想法、做法以外，我們能有什麼較具建設性的方法幫助孩子呢？

學校為什麼需要安排考試？

事實上，考試僅是種測驗，是老師用來了解學生的學習情形，也讓學生了解自己目前的狀況：還有那些觀念沒搞通、還不會的地方，作爲再學習的方向。如此，孩子不就從「不知道」到「知道」，「不會」到「會」的過程中成長了嗎？

其實，人的生活不也是這樣嗎？人常常會評價自己、了解自己的現況、接受自己的程度，並把不完美、不滿意之處，列爲繼續成長的方向。又有誰能盡善盡美，事事一百分呢？孩子也是人，也有犯錯、不完美的權力。透過學校的考試過程，孩子不但累積知識，更重要的是孩子在學習生活的態度。

「功課」對孩子的意義又是什麼呢？

基本上，它是負責任行爲的養成，孩子不但要對自己負責，也要對老師負責。影響一個人負責任與否，有二種因素：

一、後果是不是當事者樂意接受的。

二、當事者確認：「這件事真的是我的責任」。

一旦，我們比孩子更心急於上學會不會遲到；功課沒寫怎麼辦；總是丟三落四的，沒頭腦；沒背書被老師發現，留下不良印象……那孩子自然順水推舟把責任全往大人身上擺，反正爸媽會提醒我，這時候功課就成了大人的責任。

除非，孩子發現他自己要面對遲到、沒唸書……的後果，而後果是他不喜歡的，如：仍要唸課文；造成下課不能和同學玩；每次想冒險不唸課文，又每次都被發現……，那孩子才可能由衷地想調整自己的行爲。

就像是「農夫牽牛」的故事一樣，農夫只能把牛牽到池邊，卻沒辦法叫牛喝水，除非牛「自己想」喝，孩子也是一樣，「自己想」才有可能改變。我們的打、處罰或情緒化標籤孩子的不良行爲，只會讓孩子「怕」。成人跑在孩子前面，拉著孩子去追功課，孩子只會認爲，是「父母擔心我才要寫功課」、「都是爲了父母」。因此，並不能養成孩子自我負責的行爲。

和幼稚園老師合作，一起來幫助孩子

偶而讓孩子回到幼兒園的環境，讓孩子重溫舊夢，滿足一下較幼小的需要，平衡一下幼稚園和小學的不同環境，心理的再次調適，這將會使得孩子滿足於

「曾經擁有過」而更有動力往前走。

入學前的能力培養

大約在大班下學期或任何時候孩子提到和小學有關的事項時，我們即可和孩子說明小學老師的角色、考試的目的及寫功課的功能，並常帶孩子到小學散步，認識環境，讓孩子有心理準備，在內心做調適，並把上小學看成是一件長大、光榮的事，而且老師是來幫忙自己的人，孩子如果能以客觀、健康的態度面對學校生活，未來的適應較不會產生困難。

積極地培養孩子某些能力，亦將有助於學校適應，就從幼兒發展心理學來說，六歲和七歲雖只相隔一年，但心理的動力卻有很大不同。幼稚園的孩子是建立自我意識的階段，凡事較考慮自我，但小學生活意謂著要跨入另一階段，即建立團體意識，並遵守團體規則過團體生活。

爲了能適應目前國內小學運作的方式，孩子有幾項特別能力須提升：

一、培養注意力集中的能力

爲配合學校上課時間（四十分鐘）的安排，父母在家中可透過玩、看電視、說故事，來提升此能力，剛開始時先進行十分鐘，漸漸地延長。這之間不同意孩子轉換活動內容。如果，孩子本身在閱讀或專心任何一件事，父母更須尊重，不任意呼叫孩子。

二、培養和同年齡孩子一起玩的能力

遊戲是孩子的語言，也是建立關係的媒介，玩的技巧高明的孩子，較受同伴歡迎，也較易交朋友。父母若能把「玩」當成正經事，常陪孩子玩一般孩子的遊戲，孩子將因玩的經驗豐富，而有更好的能力。

三、培養等待、分享及解決問題的能力

分享的意思是讓孩子體會到「這東西我很想要、很喜歡，別人也喜歡，大家要一起用」，能夠想到「還有別人」的想法，代表孩子成長了。

在家中，家人就是孩子的別人，而家庭也正是孩子的學習分享、等待能力的實驗台。如果，您和孩子在同一時段看不同的節目，先別急著「讓」他，可商量「兩個人都想看電視，可是只有一台電視，怎麼辦？」無論結論是輪流、猜拳或其他兩皆同意的作法，在這商量的過程中，孩子已學習尊重他人也有喜好、權力以及分享的概念，並試著想，除去打人、哭、鬧、發脾氣、跑掉之外，還有那些

較理性的方法可以解決衝突。這種能力將有助於孩子參與其他團體。

孩子需要我們的支持和陪伴

孩子在學習過團體生活的同時，仍有「被大人重視」的需要，這需要就如同建築蓋房子的地基一樣，地基不穩，高樓大廈也發展不起來。

但小學老師同時要面對二十~三十甚至四十~五十個孩子，自然無法滿足個別需要，這部分工作只有父母能勝任，每天至少用三十分鐘聽聽孩說話、聊聊天、散散步、玩一玩、抱一抱、拍一拍，對於孩子心性滿足有很大助益。

我們和孩子就像是大齒輪、小齒輪的關係，如果大齒輪帶動得當，就能產生良好動力，別低估了我們對孩子的影響力。

幫忙孩子有效的學習

在我們的生活裏常常須要學習一些新的事情，譬如：學開車、烹飪、與人相處，或者擔任爸媽、兒子、媳婦等某些社會角色。在學習的過程中，難免會面臨挫折、不如意，是什麼因素會支持著人樂於繼續下去呢？「這件事是我自己想學習的人」或是「這不是我想學的人」那種人較不會輕言放棄呢？學習中常覺得自己是笨拙、不足的人或從學習中得到許多成就感的人，那種學習經驗的人，較會樂於其中且積極呢？

孩子在學校讀書也是一種學習，有些孩子喜歡上學，樂於求知；有些孩子視功課爲畏途，在學習中呈現了被動、不愉悅的情緒，爲什麼會有如此的差異呢？環境中的人，對於孩子的學習又有什麼影響力呢？本文擬以孩子的讀書、功課爲例，和大家一起思考學習的本質。

小明的故事

小明在書桌前，已經坐了一個小時，總共寫了半行國字，媽媽一見這情形說：「只要你肯專心寫，三十分鐘就完全了，就可出去玩，不是很好嗎？一直發呆，不但寫不完，又玩不成，倒楣的是誰呢？」小明才想說：「我不知道怎麼寫才會得甲上呢！」可是，媽媽又接著說：「你這個孩子，愈來愈不懂事，想當年，我們想讀書，都沒有這麼好的機會……等你上了大學你想做什麼都可以。」小明想著：「媽媽最煩了，一直說，說不停，害人家都寫不完功課了！現在都不能看電視，以後又有什麼用。」，媽媽要小明快寫完功課，小明嘟著嘴，想著：「誰要快點寫完功課，功課寫完後，又要複習，準備月考。媽媽又會出許多習作，如果，我慢慢寫功課，寫到睡覺時間，這樣就可以不必做習作了！」對於寫功課、讀書，小明是愈來愈覺得不好玩，還記得，上次數學考九十六分，自己覺得很快樂，可是也很懊惱，快樂的是：好久沒有考到九十分了。懊惱的是：自己沒有再檢查一次，要不然就可以得滿分，好可惜。媽媽看到考卷後，先是很高興，後來又說「早聽我的話，多檢查幾遍不就好了嗎？這叫做自作自受。」原本小明對於自己疏忽檢查一事，在心中就已經反省了，但被媽媽這麼說，反而就不想承認，而故意裝成若無其事狀。小明覺得功課好像比自己重要，它才是媽媽的兒子，因爲，大人較關心「功課做完了沒？」、「考試考幾分？」而小明「喜歡什麼」、「想什麼」都成了次要的事情，小明討厭讀書，因爲它占住父母大部分的注意力，也因爲它，小明才常常挨罵，而且不能做自己想做的事。

父母的苦心

①孩子：我要你比我更好。父母希望孩子不要吃自己曾嘗過的苦，所以要幫忙孩子在小學階段勤勉讀書，日後才有好學歷、好工作，才能在社會中立足，因此，對孩子的功課有較深的期待，甚至，不惜以父母的愛爲條件來激勵小孩。

②凡是都是業精於勤、荒於嬉。惟有幫助小孩不斷學習，反覆作業，才可能有好表現。

③愛之深、責之切。希望孩子對犯錯的經驗能謹記在心，所以，常耳提面命，或用言語刺激，以加深孩子印象。

◎父母是如此殷切的對待子女，但子女的感受又是什麼呢？又有什麼因素阻礙孩子的學習呢？

①孩子不清楚自己的學習方向，（如：怎麼寫國字，才能得甲等）而產生挫折感。

②孩子覺得是爲別人（如：父母）讀書，而不是自己想要的，而且，讀書與目前生活沒有關係，考試的結果不代表自己的能力，只是父母的成績單。因此，不覺自己需要努力。

③讀書是件不愉快的事情，考好是應該的，不會得到誇讚，考不理想是不應該的，會得到責罰。（如：冷嘲熱諷、取消零用錢，不准看電視、罰寫……）

④孩子擔心父母的愛是有條件的，即：「用功讀書，才像我的兒子，父母才會更愛你」，孩子會陷入「我夠不夠格被愛」的焦慮中，而容易把情緒遷怒到讀書上，而更無心情用功。

◎父母有愛、孩子有心，如何使兩者交會，幫忙孩子能步上學習的軌道呢？

①在學習的過程中，協助孩子發現自己的進步及能幹處，如：「這個字好漂亮喔！」「進步了！比昨天早十分鐘完成功課！」

②在孩子退步或挫折時，把持平常心，鼓勵孩子「沒關係、休息一下。」，等情緒平穩後，再陪孩子共同反省——先聽聽孩子原先是怎麼想的，從其中再了解尚有那些觀念尚未弄清楚，並稱讚孩子很勇敢很聰明，會想辦法解決自己不會的地方。

③和孩子約定好幾點鐘以前完成功課，除此之外，尊重孩子自己安排時間表，只要孩子能負責在約定時間完成，就誇獎他是個負責任、守信用的小孩。

④無論如何，每天均要有一段親子時間，進行除了功課以外的活動，如聊天、玩牌、看故事書等孩子喜歡的事，讓孩子感受到父母關心的是孩子本身，那麼孩子更會爲自己本身負責。

希望面對學習時，親子雙方均能有新的開始，共同享受學習的樂趣。

父母吵架對孩子沒有影響？

王先生和王太太兩個人說話愈來愈大聲，王太太氣得摔杯子、砸碗……，王先生的臉色愈來愈冷，兩人甚至大打出手，王先生轉頭出走……，小傑一邊哭一邊拉著媽媽說：「不要那麼大聲，抱抱我啦！」小勇早就躲到桌子下，遠遠的看著爸媽……

小傑、小勇可能有什麼心情呢？

①好害怕：爸媽發生了什麼事，會不會不要我了呢？

②罪惡感：是不是我不乖，媽爸才生氣吵架呢？

③我好沒用喔：爸媽吵架，我也不知道怎做什麼，只想哭！

④爲什麼大人要這麼凶，像火山爆發一樣呢？他們會不會有一天也這樣對待我呢？

⑤大人不高興時，都可以罵人，丟東西、亂叫、打人…，你看，爸媽不就是這樣嗎？我也可以對別人這樣！

⑥我不喜歡吵架，也不要和別人吵架，如果，以後我和別人意見不同時，就算了吧！隨便別人要怎樣就怎樣好了。

⑦好丟臉，別人知道我爸媽常吵架，會不會笑我，真沒面子！

中國人常把小孩當成是沒有知覺、情感的人，總是說「小孩還小，不懂事。」來延緩自己面對可能對小孩造成的傷害，事實上呢？我們都曾經是孩子，即使是很小的時候，對於家庭內的衝突也相當敏感，爲什麼呢？這和小孩的特質有關，即：孩子是自我中心的，他總是想吵架和我有沒有關係？父母會不會遺棄我？我很無力，我不可能掌握環境、大人叫他們不要吵架了……？這些擔心、想法孩子可能說不出來，但卻已在他內心運轉，且培塑了他的自我概念，人格特質，經常吵架的環境，在無形中，孩子就易往敏感，不安全、較焦慮的人格特質發展，或潛移默化中認同了父母解決衝突和表達情緒的方法，或因爲自己感受到衝突帶給自己的壓力，而反向發展出「不和他人有不愉快」的表面和諧人際關係。

但，人和人之間有可能沒有衝突嗎？親密如牙齒和舌頭都有相咬的的機會，更何況是來自二個不同成長背景的夫妻呢？金錢的觀念、子女的教育、人生觀、生活習慣、性生活、姻親問題……等，都有可能產生衝突。吵架代表兩個人想溝通，但找不到適合的方式，而覺得挫折。每一對夫妻都有自己不同的相處、溝通方式，進入婚姻才是學習的開始，在婚姻中學習以成熟、非情緒化方式面對衝突，並告訴孩子，父母說話很大聲是二個人意見不一樣，不是孩子的錯，也不是孩子的問題。爸媽會自己解決自己的事，果真如此，將是夫妻、子女之福！

給他，就是愛他嗎？

——積極培養孩子解決問題的能力

面對孩子的要求，你是全然應允？抑是不加理睬？

小慕很喜歡吃巧克力，可是媽媽說他太胖了，而且，吃多了還會蛀牙，所以不同意小慕吃巧克力；如果，我們的孩子就是小慕，你想，他可能會怎麼呢？

◎面對問題時孩子可能產生的反應

也許，他會背地裡偷吃一、二塊，心中想著，「反正媽媽也不會知道。」

也許，他會告訴我們：「妹妹很想吃一塊巧克力，可以嗎？」如果，我們拿給妹妹，他說不定也可能趁機享受一下巧克力的美味呢！

也許，他會假裝明天要戶外遠足，請媽媽爲他準備最愛吃的點心，當然，包括巧克力囉！或許，他不是故意要說謊，只是他「真」的很「希望」明天就要去遠足，因爲，在這個正當理由下，他才能理所當然的吃到想吃東西。

也許，他知道我們的態度強硬，乾脆說服自己：「巧克力不好吃，是垃圾食物，我才不想吃呢！」

也許，他會常常告訴人家：「家裡有好多好多巧克力喔！我想吃多少就吃多少！」或是在玩扮家家酒時，賣巧克力免費任人取用……。

也許，他會生氣，罵我們小氣鬼，或常搗蛋，故意在生活中與我們不合作。

如果，您是小慕，又會如何處理呢？是像孩子一樣，用障眼法、否定法、夢想法，或是冒著鼻子會變長的危險撒一下小謊呢？其實，對任何人來說，這些方法並不陌生，尤其是當人類沒有足夠的自主權，或沒有充分的勇氣和能力來面對問題時，這些方法可以暫時地幫我們過關，而讓自己的心裡覺得好過一點。

但是，對一個三至十二歲的孩子來說，很快地又會有另一層焦慮浮現：「萬一媽媽知道我說謊，怎麼辦？」、「媽媽會不會生氣呢？」、「我想吃但騙人是不應該的」，「我是一個不乖的孩子」，也惟恐自己內在的需要有一天會爆發出來，因此，孩子須花很多精力來壓抑自己，所以，容易呈現情緒不安、神經質、做事不專心、注意力不集中和退縮狀況。

因此，對孩子來說，碰到問題很容易引發挫折及焦慮，除了「不知道怎麼解決問題」外，自己無能去「面對問題」亦是令人難受的。因爲在人的一生中，無論是何時、何地，都可能出現大大小小的問題，人類解決問題的能力，並沒有辦法神話一般，隨著「長大」問題便能迎刃而解，惟有從小，在生活經驗中，慢慢地累積面對問題的能力及嘗試各種解決問題的方法，解決問題的能力才會日漸成熟。孩子的心理也才會更趨穩定及長大。家庭就像是實驗台，提供了於不斷嘗試錯誤中成長學習，因此，父母親的教育程度就變得很重要了。

◎解決問題的方法

在生活中，父母要把持什麼樣的態度，方能有助於孩子解決問題的能力提升呢？

①認清問題的產生是學習的機會，情緒化並不能幫忙孩子學習。

孩子發生問題時，的確會讓父母心煩，尤其是父母又要替孩子收拾後果，更易引起情緒，一些拒絕性的字眼很自然就脫口而出了，如：「你看，又闖禍了！我真受不了你。」、「我跟你說過多少遍了，你就是不聽！」、「我不理你了！」、「我怎麼會有你這種孩子呢？」這些話語雖然能使父母一吐怨氣，卻易增加孩子不安，反抗及逃避的心理。

②儘可能鼓勵孩子嘗試解決所面臨的問題

譬如說，孩子打翻牛奶，請孩子自己拿抹布處理，找不到褲子、內衣時，試試看哪些抽屜；孩子向我們抱怨某人、某事時，先聽聽他的的敍述，再問問看他想怎麼辦。

還記得，孩子小時候走路，常會撞到桌椅嗎？而當我們看到孩子哭時，就會打桌椅來安撫小孩，但除此外，亦須讓孩子想想：「爲什麼會撞到桌子呢？」、「是不是走太快了？還是走路時看後面呢？」、「下次怎麼走，才不再撞到呢？」透過如此不斷地反省思考，孩子才學會不逃避問題，更會覺得自己有能力掌握生活及自己。

③孩子是情感的個體，惟有當他意識到，並感受到父母接納他的情緒後，他才有心力理性地面對問題。

一般來說，如果，孩子常覺得父母的心態是：「做錯了，沒關係，慢慢來。」、「無論發生什麼事，你都是我心目中的好小孩。」、「你會有這樣想法，我了解（如：吃不到巧克力，很生氣。）」，這樣一來，孩子的情緒會較穩定，一旦再碰到困難時，便較有寬容的心來處理。

④提供一個可以商量的緩衝空間，讓孩子的需要也能適度地得到滿足。

譬如說：孩子想吃巧克力，媽媽擔心太胖，會蛀牙，問問孩子怎麼辦？也許，孩子會想出一些自我控制的方法，譬如說：一天只吃一個，吃完後漱口，吃低糖份的巧克力或……。又如：孩子想看電視，又想玩玩具，又必須寫功課，怎麼辦呢？也許，孩子會列一張時間表，這樣每件事情就都能兼顧了。有時候，孩子想不出解決問題方法，這時，父母不妨提供一些方法，讓孩子選擇，並鼓勵孩子要守信用。

⑤以身作則

對父母來說，「孩子的事情」也是一個待解決的問題，孩子會從父母解決他的問題中，模倣並學習到要如何面對問題。孩子解決問題的方式，有時，就像是一面鏡子，會反映出大人的狀況。有人說，當父母親最大的收穫是「從孩子的身上，看到自己的需要和限制。」於是，在處理孩子的問題時，也能同時激勵自己面對問題，並進而促使親子雙方同時成長，您認爲呢？

焦慮型父母對孩子人格的影響

每天早上，仔仔和媽媽都一起晨間慢跑，剛開始時，這段時時光非常快樂，直到有一天，仔仔發現巷口有一家玩具店，裏面陳列著許多機器戰警、大小恐龍，仔仔興奮地大叫：「好多玩具喔！我好想買，媽媽我可以買嗎？」媽媽：「我沒帶錢出來。」仔仔接著說：「那我明天自己帶零用錢來買！」從此以後，仔仔的眼光好像離不開這些東西似的，而媽媽的眼睛也離不開仔仔手中的那個錢包……

雖然，媽媽和仔仔早已約定好，每個月初發一次零用錢，仔仔可以自己支配錢，錢是仔仔的，但是，此時媽媽的心情卻七上八下的……

①仔仔看到什麼東西都想買，家裏的玩具，已經多得可以開玩具店了，但還想要買，這樣重覆的買，不是很浪費、沒有價值嗎？

②人的欲望是無窮啊！想要的東西，買也不買不完，等錢不夠用時，會不會動其他不正當的歪腦筋，拿別人的錢？

③一天到晚，整個腦袋都想著這些機器人啦……戰車……怎麼安心讀書呢？

跟不上老師的進度，沒有專心上課，考試怎麼辦呢？以後怎麼會有出息？

④爸媽賺錢不容易，仔仔知道嗎？當初給他零用錢是希望他存起來，以後需要的時候，再拿出來用，怎麼孩子都不能體會我用心良苦呢？

⑤小時候不會儲蓄，浪費成性，長大怎麼辦呢？這麼沒有責任感，將來怎麼養妻兒呢？

⑥我自己小時候，家裏比較沒有錢，常看到別的同學有好多漂亮的玩具，心中又羨慕又苦悶，我不希望現在孩子也跟自己小時候的心情一樣，但又看不慣他買東西的樣子，我該怎麼辦呢？

爲了解決自己心中這些焦慮，於是媽媽對仔仔說：

①爸媽整天工作很辛苦，賺錢不容易，不要亂花錢知道嗎？

②家裏的玩具已經很多了，把錢存起來才乖，以後看到什麼喜歡的東西再買，好不好？

③儲蓄是美德，你桌上的小豬太瘦，要放些錢才會胖嘟嘟。

④不要每天只會玩，要專心上課、讀書，以後才可以賺更多錢，那時候你要買什麼東西，都不會有人管你。

⑤把這些錢拿去買書，不是更好嗎？

媽媽這樣說，仔仔心裏可能明白了……

①對！媽媽說得對，我不應該整天想玩，我應該當個乖小孩，不然以後就變成浪費的人！

②其實，媽媽說一大堆，還不是一句話「不讓我買」，還說，存錢是爲了買喜歡的東西，這個機器人我就喜歡，爲什麼不能買呢？以後媽媽會不會又這樣呢？

③既然媽媽叫我不要買，就不要買吧！可是，叫我不要想，就很難耶！上課時，老師要我們造句「好神氣」，我就說：「機器戰警好神氣！」心裏想著：不知道被買走了嗎？數學課，老師問20加33等於多少，還是說等於機器戰警。我就是沒有辦法控制我的頭腦不要想啊！

④不買就不買，可是不知道爲什麼，放學時，就覺得有股力量，不斷推我，把我推到機器戰警前面……

⑤媽媽每次說：「這麼樣做，不是更好嗎？」、「錢存起來不是比買東西更好嗎？」、「買名人傳記，不是比買小叮噹更好嗎？」、「寫完功課再玩不是更

好嗎？」更好、更好，難道是我現在不夠好，我覺得這樣已經很好了，爲什麼不可以？

父母共同的焦慮

處在這個競爭激烈的社會中，和仔仔母親有著相同問題的家長，實非少數，他們像仔仔母親般焦慮著以下的問題：

①自己是不是稱職的好母親呢？好母親是不是應該儘量滿足孩子的要求呢？好母親是不是該和顏悅色，不發脾氣呢？

②以孩子目前的行爲，預測未來可能的不良結果，譬如說：「浪費」、「沒有責任感」、「愛玩」，並將孩子標籤化就是這樣的人，心中就越加惶恐。

③擔心孩子不如別人，或希望孩子比別人更好，因此，希望孩子在學校功課、生活習慣、用錢方面，「好」還要「更好」，家長眼中看的是「可以更好的地方」及「目前不夠好的地方」因此心情就跟著焦急不安……

焦慮型父母

除了這些之外，有些父母還因爲子女數減少，而焦慮著其他的事，譬如：擔心孩子健康，孩子吃魚怕被魚刺哽到，所以事先將魚刺剔掉；擔心安全性，怕被陌生人綁架，所以禁止孩子外出等等。

因爲父母親的恐懼、擔心、不安全感等情緒，控制著父母，使得父母在教育孩子時，無意識中將這些不安轉移到孩子身上，而以過度保護、控制、說理、禁止、限制等方式，與孩子相處；這類型父母，我們稱之爲「焦慮型」父母。焦慮型父母會造成什麼樣性格的孩子呢？

①**柔順、聽話、依賴大人的性格。**這類孩子對於自己欲望較克制，自我要求較嚴厲，創造力較弱，也較拘謹，無法自在的享受人生。

②**凡事無所謂性格。**亦就是一般人常說的沒有責任感、散漫的，不主動向上的。這類孩子真的對自己的現況很滿意嗎？他們不在乎自己的事情嗎？事實上卻不然，此時是因爲父母的焦慮情緒太激烈了，以致於孩子承受不起只好「假裝」自己不在乎，拒絕面對或否定父母的焦慮。

③**刺蝟般的悍衛性格**。這類孩子喜歡爭辯、指責或遷怒他人，只因爲在刺蝟的行爲背後，隱藏了一顆容易受傷的心，他們不希望自己像大人說的、想的那樣糟糕，因此一心想反抗大人的說法。

④**優柔寡斷的性格**。這類孩子心中常並存著正反感情，不同意見（如：自己的意見、父母認為好的意見）。內心衝突時，又取捨不下意見時，就呈現出猶豫不決、矛盾的狀態。而當父母的聲音變弱，遠離時，孩子自然有股衝動去想自己想做的事，但又覺得如此背叛了父母；因此，容易有幻想，說明自己的非自主性。

⑤**焦慮不安的性格**。這類孩子因感受大人的焦慮，而模倣內化成自己性格的一部分，他們對生活事件，社會新聞（如：天災、人禍、飛機失事……）相當敏感，且「預測」萬一發生在自己身上，父母家人身上怎麼辦？整天很容易爲一些未知事件焦慮不安。

引導孩子自我學習

也許，您會說，父母事先預測孩子將來，並把不良成份，加以改掉，不是能幫忙孩子適應更好嗎？是的，愛孩子的父母都可能這樣想，問題出在：父母太愛孩子了，一心有股使命感想導正孩子，以致於步調太快，揠苗助長，孩子也失去了學習生活技能的機會。如果，父母的焦慮，並不能對孩子性格有所幫忙：那麼父母可怎麼來教育孩子呢？

父母希望孩子能從生活中有效成長，什麼因素促使一個人學習、成長更有效率呢？根據學習理論的說法，一個人的學習有下列三項特質：

①和個人目前生活有利害關係的事，才有努力學習的意願。

②人是在經驗中，嘗試錯誤下，累積智慧而成長。

③學習是漸進的。

以仔仔的零用錢來說，仔仔從心中體會到「錢的可貴」是出自於：零用錢買機器人買完了，這種「沒有」、「空的」、「匱乏的」、「貧窮」感覺，而覺得有錢更好。

①零用錢買機器人買完了，下次又看到另一項好玩的玩具，卻沒有錢買時，有種「懊惱」的感覺，而這懊惱是來自自己行爲的後果，而不是父母的禁止、反對，因此孩子能再度反省自己，下次做決定時，要更慎重些！

②零用錢買機器人買完了，又看到一項好好玩的玩具時，因爲孩子知道每個

月自己都會固定有零用錢，這種「有希望」的信心，使得孩子較能控制自己，度過目前這一關。

③在這種用錢的經驗中，孩子發現自己毋須面對父母的批評、不滿、干涉。只是感受到父母堅定的態度：「爸媽給你零用錢，是希望培養你用錢買喜歡東西的能力，以及用完了可以忍耐到下次領錢的能力。」

培養孩子擁有開朗、負責任、控制力、現實感及解決問題能力的個性，是許多父母的心願，而這往往在家庭生活中，透過親子間互動及生活經驗中累積而成。聰慧的您，可否先把焦慮擺一旁，而將心思放在如何製造孩子有意願的自我學習的情境上呢？

壓歲錢的迷惘

壓歲錢的意義

昔日的社會中，壓歲錢的象徵意義大於實際的意義，也就是說，從前長輩給晚輩壓歲錢，是希望晚輩能平安、快樂的度過這一年，注重「壓歲」的意義。長久以來，每逢過年，長輩要將壓歲錢給晚輩，已成爲一種習俗。但是在目前的功利社會中，壓歲錢已喪失當初的象徵性意義，對孩子而言，是個賺錢的大好時機；對大人而言，則是人際間應酬的儀式，每年親子間爲了壓歲錢而衝突，比比皆是。在此提供以下幾個意見供父母親做爲思考的參考方向。

壓歲錢有什麼意義呢？

①長輩對晚輩一種愛的表示。

②用來恭禧孩子又長大一歲，共同分享成長的喜悅，及生命的意義。

③可用來滿足孩子平時生活中，不易滿足的欲望。

但是在筆者的經驗中發現，父母親容易有以下幾個「迷惘」

迷惘一：壓歲錢的主人是家長還是孩子？

許多家長認爲因爲是我付壓歲錢給對方的孩子，所以收到的壓歲錢理所當然是大人的；也有家長擔心孩子會亂花錢，或是本身也很覬覦那筆爲數不少的錢，就找各種理由來得到那筆錢。孩子囿於父母的權威，雖不甘心，但也無可奈何！您小時候的壓歲錢是否也曾被父母「保存過」呢？

建議：

①壓歲錢是其他長輩對孩子的愛，也是我們對其他孩子的愛，而愛是不能取代或交換的，讓孩子覺得自己也是被其他、更多長輩所愛，對於整個人格發展及情緒穩定是有幫忙的。

②和孩子商量如何運用壓歲錢，是積極性幫忙孩子學習，金錢的管理而非消極性的剝奪孩子的學習機會來解除家長的擔心。

迷惘二：壓歲錢到底要給多少呢？

大人常爲了自己的面子，或不想占對方便宜的考慮上來給孩子壓歲錢，但這些想法，基本上已使壓歲錢的意義，由祝福轉變成大人間的交際應酬。甚至影響了孩子的價值觀。

建議：

①考慮自己的經濟能力，量力而爲。

②考慮孩子的需要，如果給太多，易造成孩子對錢財得來太易的想法。

③以孩子喜歡的，而平時又不易得到的禮物來取代壓歲錢，也是一種表達愛意的方式，且可避免父母與小孩之間的衝突，也可以讓禮物眞正是屬於孩子來享用的。

迷惘三：不同年紀的孩子，壓歲錢要不要一樣多？

有些家庭會認爲中學生、小學生和幼稚園，因年紀不同，壓歲錢亦有等級，有的家庭中男孩也比女孩多。但對有些孩子而言，他會覺得不公平而忿忿不平，會認爲錢多就表示得到的愛較多，而將錢和愛混爲一談。

建議：

對孩子而言，什麼是公平的呢？通常基於不同的想法而有下列二種做法。

①無論性別、年紀而給予同等値的金額。

②考慮較大年紀有較多的需要，而給予較多的金額。但家長要讓孩子了解壓歲錢不同的意圖，並鼓勵年紀小的孩子對自己的成長有所期待，例如：上小學、國中的時候，有不同的壓歲錢。

迷惘四：家長可否要求孩子將壓歲錢拿來付學費？

過完年，就要開學交註册費了，孩子的壓歲錢加起來也是一筆爲數可觀的費用，如果能挪來交學費，也可爲家中省下一筆開銷，那不是很好嗎？

建議：

①生活費和教育費是做父母要負擔的責任，不可與壓歲錢混爲一談。

②除非家中經濟眞的很困難，非動用壓歲錢不可，則家長可採商量的態度，將家中經濟困難提出來與孩子商量。

迷惘五：壓歲錢全部皆由孩子自由支配嗎？

如果壓歲錢隨孩子自由使用，那孩子會不會養成浪費奢侈的習慣呢？又要如何幫忙孩子運用壓歲錢呢？

建議：

①依孩子的能力來決定是全部由孩子支配或是部分由孩子自由使用，部分由親子共同計劃。例如：孩子可自由支配的部分，就不須向父母報備如何花用；而親子共同計劃部分，家長可爲孩子準備一張收支表，陪孩子一起將壓歲錢的收支記錄下來。

②陪孩子共同做計劃，但要尊重孩子的意見，而非由父母控制孩子的壓歲錢。一般來說，壓歲錢可做下列的安排：

⑴滿足平時不易滿足的需要，金額較大，不是零用錢可以買得到的──例如：買一部腳踏車……。

⑵做有目的的儲蓄──例如：寒暑假要出國旅遊，可用來儲蓄機票錢，或孩子對將來有個目標，期待爲此儲蓄，但家長宜避免用遙不可及的事做爲鼓勵孩子儲

蓄的目標。例如：對一個小學生說：「好好存錢，可以做爲將來出國留學的費用。」因爲這是沒有什麼效果的！

③投資—部分的壓歲錢也可考慮投資，例如：陪孩子到銀行開戶或買基金等方式，並把帳本交給孩子保管，且要讓孩子了解投資對孩子的好處。

結語：

希望這篇文章能幫忙大家解除掉對壓歲錢的迷惘，祝福大家在每一個過年時皆有個平安、愉快的春節，也能利用機會幫忙孩子學習，如何使用壓歲錢。

壓歲錢的意義

在農業社會中，過年時，長輩會發紅包（壓歲錢）給晚輩，一方面是取「紅色」能避邪、吉祥之意，另一方面，也很慶幸晚輩能平安度過一年，祈求子孫在未來的一年更健康、安全。在生活不易的年代裏，金錢對大人、孩子提供一份安全感，累積財富也是生存必需之道。

但，在九十年代的過年，成年人對「紅包」又是什麼心情呢？我們常聽到一些父母說：

⊙孩子有那麼多錢，還不是我包紅包給別人，別人才給他的結果，所以，這些錢是我的，應該再還給我。

⊙孩子有錢就亂花，養成浪費的習慣怎麼辦？還是我代爲保管好了！

⊙大家見面包來包去，多麻煩，萬一，錢的數量都不一樣，太尷尬了，互相兩免算了！

過年期間金錢對成人的意義，似乎遠超過對孩子的功能，以前的人關心「怎麼樣才活得下去」（生存），現代的人則關心，怎麼樣能過得更好（生活品質），因此，如何用錢（消費與理財）是必須學習的事，筆者認爲，培養孩子消費理財的觀念，壓歲錢是最好的學習機會，如果，只考慮成人間的社會關係，或不安心的感覺，那孩子什麼時候學習呢？

父母親可和孩子商量把壓歲錢分成好幾部分管理：立即享用、存錢或投資、年度提撥二至三次使用，或捐助金額等等。立即享用、年度提撥的部分（如：寒暑假或上下半年度各提一次）可製定一定額度。這是用來買平日零用錢不易支付但又很想要的大型物品，如：變速車、套書、一年份雜誌、電腦……等。存錢是爲了某種目的，如每年存一筆錢，累積好幾年可支付出國旅遊的機票等。投資是另一種經濟概念，可請父母代爲買股票、基金等。

在這過程中，孩子除了學習**金錢管理**之外，也同時學習**自我管理**，如：

①了解自己，想要什麼？喜歡什麼，並自己滿足自己。

②做決定，我想要的東西好多，但錢又有限，因此，我要學習做決定、取捨，列出最想要的，第二想要的等順位。

③延宕等待能力，我這次動用了這筆錢，但還想要買別的東西時，就要等到

下一次提撥時再買，我能夠等待，是長大的好孩子。

此外，父母親也可鼓勵孩子對社會上的其他小孩有更多的注意——他們是怎樣在過生活，需要什麼協助。如果孩子願意的話，可自由捐助、關心別人，這是一種「給」的能力，而任何的「付出」是意識到個人內在滿足之後才會產生的結果，因此，不論孩子願意付出的金額多少，父母要重視孩子有這份心意。

沒有一個人，在這一生能擺脫金錢的網，父母在包紅包的同時，也送了一份大禮——金錢之外的意義——金錢管理和自我管理給孩子，真是可喜可賀。

讓孩子單獨留在家中

如果我們問小學低年級或學齡前的孩子：「你喜歡自己一個待在家中嗎？」他會有什麼樣的想法呢？

「喜歡啊！這樣就沒有人管我，可以一直玩電視遊樂器了！」

「一個人在家好無聊喔！」

「我希望媽媽在家陪我，我會害怕！」

「還可以啦！這樣比較自由，比較不會被罵！」

孩子的心目中可能存著正（或反），或著正反兩種感覺並存的現象。同樣地，對父母而言，可能也存在著複雜的情緒呢！有一位媽媽認爲，讓孩子獨處是訓練他們獨立的大好機會，但偶而心中也會浮現出愧疚的感覺，自責於自己不能好好地照顧孩子。此外，更多父母還十分顧慮孩子的安全問題。

一位媽媽憂心忡忡地談到孩子的不守規矩：「我兒子很喜歡玩火。平常我常告訴他水火無情，不准他亂碰瓦斯爐、火柴等危險物品，可是他竟然當作耳邊風，趁大人不在家偷偷地玩火，打了他幾次，還是沒有用……」這真是一件令人憂慮的事，不是嗎？還有些孩子喜歡玩水果刀、刮鬍刀、電風扇，當大人不在家時，就像解嚴般地躍躍欲試！

陌生人，對孩子來說也是一項挑戰。不法份子可能喬裝成推銷員、送貨員、修理電器設備者，或利用一切可能的名堂、伺機想進入家中。孩子懂得分辨嗎？或者，有人要查水（電）表、郵差按鈴，要不要讓他進來呢？這些內心的衝突，很容易造成孩子的多疑，沒信心和心理上的不穩定。

可能還會有些孩子一直堅持另外一間房間有小偷，因爲他曾經「聽到」裏面傳來一些聲音。所以他很害怕，晚上下不肯一個人睡覺，即使第二天起床後也不願意和爸爸媽媽分開，因爲一旦和父母分開，自己、個人要面對漫長的時間獨處，那種令人害怕的印象再發生怎麼辦？

隨著暑假的來臨，不管孩子願不願意，若父母皆爲上班族，他們獨自待在家中的機會就會增加，父母要以什麼態度，使上述種種威脅到孩子生理及心理安全的事件降到最低呢？

首先，我們先來看有關危險物品方面的事。探索，是孩子生活中很大的樂趣來源；除此之外，透過生活中與諸如玩具、器具、家具、擺設等沒有生命的物質接觸，還能促進孩子在智能及情緒方面的發展。而生活當中，大人可以用、但小孩都不能碰的東西，更具有相當的意義，就如同小女孩喜歡穿媽媽的高跟鞋般，假如能夠和大人一樣地操縱這些物品，也代表「我長大了！」因此，在平日的家居生活中，在大人相當的保護下，讓孩子有機會接觸一下這些危險物品，然後直接說出爲何不同意孩子接近的理由，比一味地限制、禁止孩子不能碰，要更有建設性的功能。例如，告訴孩子瓦斯爐的開水「燙燙」，並在大人保護下，讓孩子親身去驗證那種感覺，一、二次之後，孩子反而會因爲好奇心的去除，發展出一套保護自己的方式。俗話說：「壓的愈大力，皮球就彈得愈高」，平常倘若父母的限制太多，一旦小孩有獨處的機會時，當然容易出現令大人擔心的狀況了。

陌生人的問題，已經對這個社會造成相當的震撼。我們期待培養下一代對他人信任、友善，但太多的社會新聞、綁架事件，使我們不得不幫忙孩子擁有一些防衛的方法，雖然想要依賴大人是孩子的天性，但父母仍有義務，培養孩子自己想辦法解決問題的能力。平時，多鼓勵孩子表達他自己的想法，即使不合理，也不必太快提供大人自己的看法，而是透過再進一步的質疑，讓孩子繼續思考。例如，問孩子「如果有人表示要進家裏修理東西，你只有一個人在家，你會怎麼辦？」他可能會有很多答案，如「現在不方便，請改天再來。」、「關起門、打電話問問媽媽是不是有東西要修。」、「拜託鄰居過來幫忙」等。類似這種做法，平常常引導孩子思考、同時不要吝於稱讚他所想出來的好方法，孩子的應變能力就會愈來愈好。

「害怕」，是每個人成長過程中或多或少都會經歷的感受。心理學家發現，最令二至五歲孩子害怕的是「黑暗」和「動物」，然後，隨著想像力的增加，開始會害怕自己所想像出來的危險，這也是爲什麼四至六歲的孩子常做惡夢的原因。到了小學階段，對於「未來可能發生的事情」、「想像的事情」、「害怕生病、死亡」成爲孩子害怕的主要內容。所以，當孩子獨處且又覺得無聊、寂寞時，很容易會出現白日夢般的幻想，然後愈想愈多，不知不覺就掉進害怕的情緒中。而決定害怕程度的最大因素是「安全感」，如果父母能夠合宜地表達對孩子的愛，並讓孩子有「如果我需要，爸媽永遠在我身旁。」的感覺，將會給孩子很大的安全感。具體的做法，是平時就完全接納孩子的情緒，允許他去經驗這些感覺，表達內心的感受，並且和孩子一起想辦法解決這些擔心。例如有位媽媽帶孩子去廟裏求平安符，讓孩子覺得有能力面對它；有時媽媽則透過可以避邪的玉、或對孩子有象徵性功能的寵物、超人、神劍等方式幫忙孩子肯定自己，增加自我的安全感。

孩子不但需要大人，也有接近友伴的需求，所以基於這樣的考慮，「單獨將孩子留在家」的做法值得謹慎衡量！現在我國已經立法強制不得將十二歲以下的孩子留在家中。或許，加強與親戚、鄰居的聯絡，共同分擔照顧孩子的責任，或安排孩子與同伴相處活動機會，是值得參考的做法。

選擇爸爸還是媽媽

在教養子女的路上，單親家庭承受了比正常家庭更多的問題與辛苦。以下的例子是一個父母離異的家庭，母親如何陪伴並幫助子女處理因父母離婚對他們造成的打擊。

媽媽和大平、小平兄弟約好這禮拜天要去科學館。週六晚上，已離婚的父親突然打電話來。媽媽聽了一會兒，把電話交給小平。

小平握著話筒，一句話也不說，不一會兒對哥哥說：「爸要和你說話。」

爸爸說：「明天我帶你們出去玩。」

大平：「那媽呢？」

爸爸：「你媽說她很累，我們自己去怎麼樣？」

大平：「我們明天說好要去科學館。」

爸爸：「那現在你要跟誰去？」

大平：「隨便啦，再看看。」說完用力掛上電話。

媽媽：「如果你們要和爸爸出去玩也可以，自己決定。」

大平把桌上的東西全部摔到地上，說：「什麼混蛋東西，誰稀罕和他出去。」

媽媽說：「你怎麼這麼暴躁？你不知道這樣很沒教養嗎？」

大平提高嗓子：「誰叫他先不要我們！」

媽媽說：「那你去對他吼，幹嘛對我兇，我受不了了。」……

大平的想法

①如果我和爸爸出去，媽怎麼辦呢？不出去，就看不到爸爸了，怎麼辦？他們把我當什麼？推來推去。惹火我，我誰也不要，根本不是真心要我。

②都是他們的錯。他們不努力改善問題，才會變成這樣。

③爸爸什麼時候出現也不知道，有事呼叫他，也不回話。我可以信賴他嗎？討厭死了。

小平的想法

①爲什麼爸爸不住在家裡呢？爲什麼不能像以前一樣全家一起出去玩呢？爸

媽不是相愛才結婚，爲什麼又要離婚呢？

②爸爸還愛我嗎？他會不會忘記我是誰呢？爸爸會再回來嗎？

③是不是我不乖，爸媽才吵架？我會不會得到更多處罰呢？我要怎麼做，他們才會高興呢？

媽媽的想法

①離婚對我來說，也是很大的傷害、痛苦，爲什麼孩子還不懂我的心，故意讓我難受呢？

②不能給孩子完整的家，我覺得很抱歉，我知道他們也想要有父愛，我不想爲難孩子，就讓他們自己決定。

③我好著急，老大變得愛發脾氣，老二變得迷惑、退縮，以前喜歡的東西，也不再感興趣，我該怎麼辦呢？

媽媽可以怎麼辦

①抱抱孩子，告訴他們：「爸媽不能和你們住在一起，讓你們很失望，真對

不起。」、「也許，你會想是不是自己不夠好，爸媽才離婚。其實不是，只是因爲爸媽有許多想法不同，常吵架。我們很傷心，才想離婚比較好，但是我們永遠都是你們的爸媽。」

②鼓勵孩子表達生氣、悲傷、害怕等情緒。「你在生什麼氣？」、「爸（媽）說了什麼話，讓你不高興？」、「你覺得爸媽不愛你嗎？我們做什麼事讓你有這種感覺呢？」

③對孩子的傷害性行爲有所限制。「我知道你很生氣，但是我不同意你摔桌上的東西。請你冷靜下來以後，把地上的東西歸回原位。」

④表明自己的愛和立場。「我很喜歡和你們去科學館，但是爸爸也想和你們一起玩。怎麼辦呢？我們可以依照約定，還是去科學館，以後再和爸爸約時間，他帶你們去玩。還是說，明天你們先和爸爸去玩，我們下星期再去科學館。不管怎麼樣，媽媽都不會生氣，而且會支持你們。」、「另外，我們跟爸爸，以後要更早一點和你們商量見面的時間。還有，平常想念他的時候，可以怎麼辦？呼叫爸爸時，他什麼時候回話？」

經過父母離婚的打擊，孩子容易變得敏感，不穩定，但是這並不表示父母的決定一定是錯的，或撫養子女的哪一方面做得不夠好；只是代表受傷的心需要更多「愛的保護」和「一個強而有力，不會再遺棄他們的靠山。」您如何變成那座山呢？

單親家庭的親子關係

媽媽的心情

我、大寶、小寶母子三個一起過日子，已經三年了，這三年是多麼漫長的一條路啊！這些日子以來，周遭的朋友都說我變了，我變得獨立、堅強，也變得較冷漠、沒有感情，尤其是對小孩太嚴格，要求太多，超過了他們年紀所能負擔。

我常捫心自問，會嗎？我只不過是訓練孩子養成不會被殘酷現實擊倒的一些能力罷了！譬如說：自己的事自己完成，如果超過約定的時間，後果就自己負責（這後果包括：中午沒飯吃，因為前一天便當盒太晚拿出來了；功課沒完成時，不要叫我看聯絡本，也不要叫我媽媽）。人要往前看，不要往後看。發生過的事，不再追憶；說話要守信用，不能耍賴；碰到困難，想辦法解決，不能哭，要勇敢，不能太懦弱，眼淚和抱怨解決不了問題的。如果，沒有這些能力，就會像三年前的我過痛苦的日子。

回想當時，一場車禍奪走了孩子的爸，我獨自一人覺得相當孤獨、模糊，許多的現實問題，經濟壓力、孩子的教養問題，自己下半輩子生活，失落的心痛，哭過、怨過、麻痺過，又能怎樣呢？天有不測風雲，人有旦夕禍福，人生本是無常，不趁平常多學些，難道要嘗到苦頭才學嗎？

大寶一直是個懂事的女孩，從一年級到三年級，都不必我操心，生活作息也很規律，現在每天放學後到幼稚園接弟弟回家，陪他玩，還負責淘米、煮飯及整理房間，儼然成爲我的好幫手，只是常見她發呆不知想什麼，或偶而咬咬指甲；這也不是什麼大問題，倒是小寶，已經幼稚園大班了，還像小小孩似的，什麼事都要姐姐提醒，不順他的心意就哭或耍賴，到現在連洗澡、穿衣也沒辦法自己來，我要去那裡辦點事情，也要跟去，就像個黏皮糖似的，令人心煩。

有時，我不斷要求自己多督促孩子一些，畢竟，現在教育孩子的責任完全都在我一人肩上，如果，孩子長大了沒有出息，沒什麼成就，我怎麼面對他去世父親呢？有些時候，自己也深覺愧疚，自己不能給孩子一個完整的家，沒有爸爸的孩子已經很可憐了，自己又基於現實的因素——體力、心力有限、經濟有壓力，不能多花點時間陪伴孩子，做個稱職的母親。

有時，自己的心中也很生氣，生氣先生的事情來得這麼突然，令人措手不及，憤怒先生走路那麼不小心，讓自己一人承擔這些後果，這種悲傷的感覺，該向誰說呢？老天爺！

大寶的心情

爸爸你聽得到我說話嗎？昨天我看一本故事書，有一個小孩，他的爸媽都生病死了，他想念爸媽時，就在心裡和他們說話，真的有效嗎？我常會想起以前小時候，你常把我扛在肩上騎馬走路，還會講故事給我聽，我好想知道更多和你有關的事，但是，家裡不能說和爸爸有關的事，因爲媽媽會傷心，弟弟也會一直吵著問，媽媽就會哭。我好怕，是不是我又不乖了，所以媽媽才生氣，然後會像你一樣不要我了？我真的很努力當個好小孩，不讓媽媽傷心，像弟弟搶我正在看的故事書，我就趕快給他，不然，弟弟一哭起來，媽媽就會頭痛，要不然就會說，她辛苦了一整天，晚上想要安靜一下都不行嗎？反正，不看故事書也不會怎樣，我可以在頭腦裡自己編故事，想像許多事，這樣也很快樂，弟也搶不走我腦中的故事，也不會吵鬧。我常幻想和爸爸一起做好多事，就像同學和他們爸爸常做的事情一樣；假裝就像真的一樣，你就在我身邊。爸爸，你有沒有聽我說話呢？我想大聲的對你說，我愛你！我希望，今天晚上，你來我的夢中，抱抱我，好嗎？

小寶的心情

每個人都有爸爸嗎？我的爸爸呢？姐姐說：「爸爸永遠都不會回來。」，爲什麼呢？爸爸都要跟小孩在一起才對呀！姐姐騙人！我好羨慕別人都有爸爸，會和小孩一起玩球、玩恐龍、忍者龜。小明生日時，說他爸爸送他一隻大恐龍，我也說，沒什麼稀奇，我生日，我爸爸送給我一個很大的長頸鹿；有一次老師叫我們畫卡片送給父親當做父親節的禮物，我也畫了一張超級大的卡片要送給爸爸。如果，有人說我是個沒有爸爸的小孩，我會給他一個「黑輪」拳。姐姐叫我不要作夢，爸爸已經死了，不會回來，爸爸真笨，連走路都不會走，笨死了！我討厭你！

姐姐叫我要乖點，多聽媽媽的話，不然，如果媽媽生起氣會不要我們了，我們就會變成無父無母的孤兒，不就更可憐了？真的會這樣嗎？我常常故意想試試看媽媽的反應，如果，我什麼都不會做，她就會替我做，像穿衣服、吃飯、洗澡，這就表示她還愛我，我的心才覺得好一些。我有時也還會有點擔心，所以，每一分鐘都要看著她，不讓她離開我，這樣媽媽就不會不見。

◎給孩子太多或太少的愛

家庭中，父或母任何一方的死亡，不論是生病或意外事件，對全家人來說，均是種創傷經驗。家人可能有著相同的情緒，如：恐懼、悲傷、受傷害及恨意，也會有些不同的情緒，如：大人須面對孤獨、小孩則承受著自己不會再次被丟棄的焦慮，大人是如何處理自己的情緒？誰是自己情緒的支持者？誰又是自己的協助呢？自己又是如何的調整心情，不把自己的情緒、經驗，轉嫁到孩子身上而影響（父）母親角色的扮演呢？自己又如何看待單親這件事呢？

雙親健全的家庭，對於成人情緒的穩定是有影響的，畢竟有兩個成年人可共同負擔養育孩子的責任，彼此也有商量的對象及互相支持的力量；精力上也有可替代搭配的一方，在精神體力上的壓力都會較低。對於孩子也能直接提供另一種性別角色的觀察，及兩性相處的學習機會。但是，相對於夫妻兩人在教育理念上不能合作、協調，或有一方不喜歡孩子，拒絕接近孩子，或充滿了嚴格的態度，這些傷害，並不比單親家庭來得淺。即使是單親的孩子，如果能擁有良好親子關係，比在充滿火爆、不滿氣氛的雙親家庭中，將成長地更健康。

對孩子來說，父母無法關心他或不愛他的感受，比任何狀況的傷害壓力更深，許多的單親，常陷於孩子沒有父（母）的狀態中，而忽略了「自己是孩子的父（母）」的角色扮演，因此在親子關係中，形成給孩子太多或太少的愛！

父母可以做什麼：

一、向孩子說明一方缺席的原因：

有許多父母認爲不需要對孩子說明去世者的事情，一方面是認爲孩子太小，無法理解生死的事，另一種可能是：大人有太強烈的內在情感，自己尚未穩定下來，以至於無法向孩子說出口，或把這件事當成是家庭禁忌，以免自己的心緒被引爆，而控制不住。

事實上，孩子是好奇且敏感的，他們會想多了解一些父（母）的事情，以探究自己的出身及根源，譬如說：父（母）是個什麼樣的人？自己是被期待出生的嗎？自己是被喜歡的嗎？父（母）覺得自己是個可愛的孩子嗎？父母常陪自己做什麼事呢？父（母）發生的事故和自己乖不乖有關嗎？如果，孩子內心的疑惑不能被解決，將影響著孩子的安全感。因此，以開放的心，向孩子說明父（母）缺席的原因相當重要。

說明時需坦白，直接陳述事實，但請不要加上個人的情緒喜好或價值判斷，並避免將孩子扯進大人的恩怨中，沒有建設性或傷害孩子的話更須謹慎。時常分享些孩子已不記得的幼時親子故事，對孩子而言，也是一種溫馨的感受。如果，孩子想進一步了解父（母）的職業、興趣，也可滿足他，畢竟，透過這些認知，孩子的歸屬感可得到適度的滿足。

二、理解孩子的情緒，並有所回應：

孩子的情緒包括：我失去父（母）的失望、悲傷、憤怒、或羨慕、渴望的心情，及自己會不會被存在的一方再度丟棄的焦慮。父（母）若忽視、否定這些情緒，或假設時間可以解決一切問題，並不能使事情好轉，除非明白表示「爸爸（媽媽）和你一樣的難過」、「雖然爸（媽）不在了，但你還有媽媽（爸爸）。」「無論如何，我都不會離開你。」父母經常在口頭上說些再保證的話，並能以擁抱，拍拍孩子肩膀，不但能疏解孩子的不安，並能協助孩子，放下心中對未來生活的恐懼感。

三、親密與權威的教育方式：

和一般父母一樣，單親應維持親密友善、有原則並堅定的態度，如果孩子知道有個強壯的人，正關切著他，對於孩子的自制及情緒成長有相當的幫忙。父親（母）須記住他是孩子的爸爸（媽媽），他的孩子有一個父親（母），而不是個沒有母親（父親）的孩子，自己要如何扮演親職角色呢？這需要不斷學習，包括：閱讀相關的書籍或經常和人討論親職內容，必要時可徵求其他成人（如親朋好友），共同幫助孩子度過某些成長關卡。

四、安排家庭結構上缺席一方的角色功能替代者：

爲了幫助孩子在角色認同上（如：兒子需要有一個他喜歡，並可認同的大男人，作為自己成長模範。）及兩性相處的學習上（例如：子女學習和另一種性別的大人相處）有較好的發展，單親需要考慮角色替代的問題。這個人可能是老師、親戚或朋友，多安排彼此的聚會，以增進大人、孩子之間的情誼，是單親須費心之處。

單親的「態度」遠比單親的「事實」對孩子的影響更深遠，一個快樂、有秩序，家中成員互愛，互相支持和尊重的單親家庭，對孩子來說，就是最佳的成長動力，這個動力方向盤就掌握在您的手中，您相信嗎？

如何和非親生子女相處

心靈契合的親子關係並非與生俱來

爲人養父母者心中常有些困擾：「我知道要多抱、多親孩子，可是他（她）已經五年級了，像個大男生（大女生），我實在不曉得要如何抱抱他（她）」

「我要不要告訴他，關於他的身世呢？他知道以後，會不會回去找他的親生父母呢？他會不會覺得人家不要他？對他人格有沒有不良影響？」

「我和我先生，和他的女兒住一起，那女孩常黏我先生，要不然就坐在我和先生中間，就是不讓我們單獨相處。」

「我實在不知道要怎麼辦？管嚴了，人家會說，後母就是這麼狠心，不管他嘛，又有人家說，不是妳生的，就不管了……」。

◎養父母的困擾：如何與非親生子女維持更親密關係

這些煩惱，包括了：如何和孩子親近，如何維持更親密的關係，或者憂慮些自己希望的結果會發生，在在困擾著父母，但是這些煩惱只是因「孩子不是我親生才造成的嗎」？在筆者工作經驗中，也常聽到父母不滿親生子女和彼此的關係，有些人說：「爲什麼孩子是我生的，可是他的想法、個性都和先生與我都不一樣呢？難道當初在醫院抱錯孩子嗎？」或「現在的孩子實在難教，管嚴了，怕他們反抗，不管，又怕他們一錯再錯，長大以後怎麼辦呢？」、「早知道養小孩這麼麻煩，恨不得再把他們塞回肚子。」時代的快速變遷，使得代與代間的思想、行爲有所差距，上下兩代相處自然會有磨擦，每對親子均是在生活中互相撞擊，才會漸漸發展出一套適合雙方相處的模式，因此，在大人決定和非親生子女共組家庭時，他同時決定了自己要當孩子的父母，從這時候開始，養父母關心的課題，不再是「孩子不是我親生，有沒有關係呢？」或者是以「孩子不是我親生的」爲理由，來逃避親子呈現的困難，而是，我要如何當孩子的父母呢？父母要如何教育下一代？如何才能讓孩子感受到愛呢？這些均成爲父母親的成長方向，但是不可否認，有些因素影響著養（繼）父母的親職角色扮演，使得親子間不易產生真正的親密關係。

◎刻板印象庸人自擾，灰姑娘、白雪公主的遭遇並不囊括全部的非親生親子關係。

首先，是社會上所傳播的刻板印象，我們的文化中，十分重視血緣、家族觀念，強調不孝有三、無後爲大，因此，對於無法生孕子女的人來說是很大的挫折，尤其是男性，他連帶地會懷疑自己的生殖能力，自己是否有男子氣概，自己夠水準當爸爸嗎？男性在扮演父親角色的意願及心情就易動搖。對於養（繼）母，社會上更有著一面之詞，從小自幼兒的童話故事，白雪公主、灰姑娘都受到繼母的排擠或不公平待遇，大至民俗中，流傳著「春天後母面」諺語，以天氣的不穩定來形容後母，一般人對後母的偏見，不但使得當事者如履薄冰，惟恐落人口實，同樣的，也使得孩子存著觀望、懷疑的心想著新媽媽的言行，焦慮和不安對於拉近親子的關係，又有何正面功能呢？

◎正確教育與適切期待。否則，可能養成孩子易怒、任性的個性。

其次，是自我期待的結果，許多養（繼）父母期待自己必須全力栽培孩子，使孩子能出人頭地，因此，也連帶著，期待透過子女的成就，來肯定自己的心血，在無意識中，暗示著子女「最好」「必須」順從大人心意，而對子女形成一種自我壓抑，這種要求多的教育態度，使親子雙方均承受著相當的壓力。

也有些養（繼）父母，因爲子女得之不易，或擔心會失去子女，而呈現過度保護的教育態度，這包括著：不易拒絕孩子的要求，不希望孩子的生活有問題，或者想以大人的力量，事先避免掉孩子可能面對的不良經驗等，這些也許暫時可解決大人焦慮，但對孩子有什麼影響呢？孩子可能養成任性、易遷怒、不易等待等性格，並失去了從錯誤經驗中成長的機會。

◎自己與他人的孩子。如果你不是我的孩子，我才懶得管你呢？

最後，是關於爲人父母者心態的問題。在整個社會中，普遍的存在「你」、「我」的區分，也就是說，父母對待「自己的孩子」和「別人的孩子」有很大的不同，父母常會說：「如果你不是我的孩子，我才懶得管你這麼多。」，或者有自掃門前雪，不管他人瓦上霜的心情，置別人家的小孩於不顧。難道，孩子只是某家庭的財產，或只屬於個人的一部分嗎？你的、我的孩子，不都是這社會的孩子嗎？如果，我們的小孩循規蹈矩，但別人的孩子會殺人枉法，我們的孩子能有寧靜的生活嗎？如果，孩子是社會的孩子，由有能力的大人共同來培育，不是件理所當然的事嗎？

◎養兒防老利己本位。一切以自己爲考慮，親子之情如何建立？

另外一種心態，常是許多父母自己也不自知的，即：親子關係是在滿足大人的需要，還是孩子的需要呢？譬如說，自己的孩子和朋友的孩子互搶玩具，大人往往爲維持大人間的面子、和諧，而要求自己的孩子禮讓，不計較。但是孩子的需要呢？孩子須要被教育如何和另一個人共享玩具，但卻在大人的需要——面子——下被犧牲了。如果養（繼）父母在決定與非親生子女相處時，他的動機是利己的，如養兒防老、繼承家業、婚姻無趣，希望孩子維持婚姻，想找人作伴等均是「父母」本位，生活中也較無法考慮孩子的需要，那真正的愛，親子之情又怎麼建立呢？

◎養父母應有的態度。調整自己、了解自己、反省自己。

在此，提出幾點建議與養（繼）父母分享：

①調整自己的心態，把孩子當成是社會的孩子對待，不要有意隱瞞孩子的身世，而是考慮「什麼時候說」及「怎麼說」。父母有坦蕩的心理準備，就毋須焦慮「萬一孩子知道怎麼辦？」，而且，讓小孩從父母口中知道實情，可避免孩子從他人處得知事故，而胡亂揣測、神秘化了自己的身世。

②了解並接納自己的狀況。比如說，父母無法擁抱孩子，這只是一個現象，並不是件罪惡的事，也是無法否定的事。父母要能接納自己的限制，並找尋其他可替代方式讓孩子能體會父母的關切。

③反省著有那些因素影響自己親職扮演。是傳統的刻板印象控制著自己，還是自我期待太高，或心態的原因，並從控制中，自我解放。

④試著去了解孩子的情緒，並接受他。以與繼父母共住的孩子來說，他剛失去一個父（母）親，而又必須面對一個新的母（父）親，這實在是令孩子措手不

及，加上，惟恐新的父（母）再度搶走自己的最後親人或擔心自己接近新爸媽會不會背叛親生爸媽，因此，會用較多心思來鞏固既有的親子關係，而無心建立新的親子關係，因此較不易和新大人接觸，養（繼）父母須有更寬容的心態接受這個狀況，給親子較多時間來適應。

◎終其一生學習愛人。調整自己人格特質，並學習以對方感受得到的方式愛他。

以平常心的方式和孩子相處，如果，有機會多和其他的父母親交換育兒心得，也了解孩子的一般反應，也有助於親於扮演。

社會心理學家弗洛姆曾說：「人類終其一生，在學習如何愛人。」孩子提供給父母一個自我學習的機會，父母在孩子不斷的衝擊，調整自己的人格特質，並學習以對方感受得到的方式愛他。父母愛，並不是天生的，它是人在扮演父母角色，用心去了解孩子，並實踐自己認爲合宜的教養態度，所散發出來的光芒。親子關係的品質，是雙方互助而產生的結果，並非由血緣、遺傳等生理因素造就而成的，您認爲呢？

第三章 親子溝通——調準親子溝通的頻道

如果父母能區分自己的「主觀的感受」和「客觀的思考過程」，自然能將自己和孩子再次分類……我是我，孩子是孩子。果真如此，在親子關係中，父母將能自由地選擇，在面對孩子，父母要如何『表達愛』孩子才能感受得到；可以如何溝通才能引導孩子成長。一旦父母和孩子有相同的心情頻道，親子溝通將無往不利。

行行出狀元

游完泳後，再到泳池旁的小吃店吃碗熱熱的米粉湯，這是小約翰最滿足的時候，今天吃完米粉湯走回家時，小約翰對媽媽說：「當賣米粉湯老闆的小孩最幸福了！要吃幾碗都可以自拿，都不用付錢，好好喔！」媽媽說：「那你去當他的小孩好了！」小約翰想了想又說：「我以後長大要賣米粉湯」。媽媽說：「不行！你怎麼這麼沒出息？如果，你只要當個小攤販，現在讀英文、學鋼琴幹嘛？」小約翰說：「是你要我學的呀！我也不想學！」媽媽說：「你不是最喜歡吃牛排，還喜歡搭飛機到外國去玩嗎？你現在好好讀書，以後當大老闆，就可以達成心願！」又說：「你小時候說要當醫生，你忘記了嗎？當醫師也不錯哦……」

媽媽的心情

①我好擔心，小孩只有小小的志願，他會不會就沒有進取心呢？

②我多麼希望他以後是白領階級，而不須從事太多勞力的工作，那太辛苦

了！他怎麼可以看輕自己呢？

③我和先生都是大學畢業，家境也算中上，爲什麼好竹出歹筍，太沒面子了！

小約翰的心情

①大人好奇怪，爲什麼聽到我要賣米粉湯就那麼生氣？我喜歡吃米粉湯呀！她都不了解我在想什麼！

②媽媽希望我當大老闆、醫生，爲什麼她自己喜歡的事不去做，就要我去做呢？

③媽媽都不聽我說話，可是卻一直要我聽她的話，有時候我覺得有點寂寞！

◎父母的客觀思考過程：

①從小到大，我們曾經立下幾個志願呢？小時候的志願就是我們現在的職業嗎？志願和孩子的成長路有什麼關聯呢？

②志願常是依循不同的情況而產生的，它可能表示：對某個職業的崇拜或此

職業可以滿足目前自己的喜好、需要，或是同伴間的流行，為什麼父母會覺得很緊張呢？

◎父母和孩子說話的幾種可能方式：

①賣自己喜歡的東西，又可以常常吃自己喜歡吃的東西，那一定很過癮！你除了喜歡米粉湯之外，還喜歡什麼呢？（拓展孩子對自己的認識）

②什麼樣的人可以當賣米粉湯的老闆呢？（和孩子一起談，當老闆須具有的人格特質，譬如：負責、獨立等），如果，你現在就開始學習把自己的事負責完成，以後就很有希望當老闆喔！

③從現在到長大，慢慢你會發現自己最喜歡做什麼，而且願意用更多時間學習、漸漸地會找到自己喜歡的職業。

永遠的東方不敗

小芬懊惱地說：「今天真倒楣，自然課分組比賽，沒有人要和俐俐一組，老師就安排和我們同組，她成績那麼爛，動作又慢，反應又笨，我們這組的成績一定會被她拉低的。」媽媽說：「不可以在背後批評同學，再說，只要妳的成績夠好，就不怕被別人拉下呀！」小芬說：「哎呀！妳不知道啦！我明天不想上學，上次月考文玲退步了，老師說小組長怎能考的比組員差呢？所以就讓別人當組長，這次月考，我不知道還會不會考前三名，萬一……我就別想當班長，真丟臉！」媽媽說：「只要妳盡力就好了，不要患得患失，不當班長也沒關係，讓別人也有機會當呀！而且，這樣妳就會有更多時間可以讀書，也很好！」

媽媽的心情

①小芬是個很有榮譽心、積極向上的女孩，她的功課我不需煩惱，覺得很安慰！

②爲了贏，同學間競爭很激烈，常互相比較，小芬愈來愈小心眼，鑽牛角尖，好令人擔心。

③小芬每天都緊張兮兮、哀聲嘆氣的，我的心情總被她搞的起起伏伏，不知道如何緩和她，真惶恐！

小芬的心情

①如果我不能維持最優秀、頂尖的地位，我還有什麼用？

②雖然媽媽嘴巴說：「沒關係，下次考好些。」，但我知道她心裡很失望，我沒考好是不對的。

③考試不理想，就不能當組長、班長，這些是處罰，表示考得不理想是不應該的事。

④每次我都想「下次要考更好些」、「一有空要多讀書」心中就好像有塊石頭，壓得我喘不過氣！

◎父母的客觀的思考過程：

①父母希望是子女的情緒支持者，而子女感受到的是另一層次的壓力源，為什麼呢？

②人一定要勝過別人才是贏嗎？只能關心自己，卻沒有與同伴合作互助的孩子，在社會生活中可能是佼佼者嗎？

③人生不如意之事，十之八九，但我們卻期待孩子一帆風順，沒有不如意的經驗，孩子什麼時候學習面對挫折？

◎父母和孩子說話的幾種可能方法：

①媽媽小時候，也希望每次都考一百分，都比別人好，這樣才覺得自己很棒，別人也會為自己拍手鼓掌，慢慢長大後，才發現分數只是幫助自己認識目前學習的情況，什麼地方懂了，什麼地方還要多學些，如果，有一天你發現不管你考幾分，或別人考怎樣和你考好不好沒關係，那你就長大了。

②考得不理想，你會不會想研究一下爲什麼，然後把阻礙物拿掉呢？如果會這樣就很棒。

③不管妳考第幾名，有沒有當班長，都是媽媽的好孩子。

冒險小英雄

好不容易媽媽才答應小威和同學去逛百貨公司，但她不斷叮嚀小威下了公車到百貨公司時，要先打個電話給她；回到家時，也要再打電話報平安。可是，媽媽一直等到五點鐘，半通電話也沒響；終於耐不住性子想撥電話回家，看看小威到家了嗎？終於電話接通了，媽媽說：「小威嗎？你怎麼搞的，出去就像失蹤似的，連媽媽的話都忘了？」小威說：「沒有呀！我找不到電話嘛！」媽媽說：「那回到家也找不到電話嗎？」小威說：「我已經到家了，很平安，幹嘛打？」媽媽說：「你看，你表現得像個小小孩般不懂事，你知不知道別人會擔心？」小威說：「我知道你一定要說，以後不准你去逛百貨公司。」媽媽說：「對！我就要這樣做。」

媽媽的心情

①我也很想讓小孩四處探險，可是又擔心這社會危機四伏，自己不能保護他，他又那麼不懂事，真傷腦筋。

②約定好的事，竟不能努力遵守，這小孩怎麼這麼沒有責任感呢？一定要處罰他下次不准去，才會記住這次教訓。

③小孩都這麼自私嗎？一點都不了解父母的心情。

小威的心情

①第一次自己逛街，好興奮又緊張，有想起媽媽的話，可是又想，我已經長大，會自己照顧自己，就想證明看看。

②媽媽一直數落我，爲了表現像大人般，更不想承認自己會害怕，或對不起忘記打電話的心情。

③媽媽本來就不想讓我出去，還找那麼多理由來數落我！

◎父母的客觀思考過程：

①幫忙孩子意識到「自己的行動對別人是有影響的」、「我對別人是有責任的」不也是成長過程中重要的經驗嗎？

②父母想培養子女某些生活原則，孩子卻背道而馳（如：不願面對現況或遷怒指責

父母）發展為什麼呢？

◎父母和孩子說話的幾種可能方式：

①等不到你的電話，我好著急！

②如果，你能直接說：「對不起！我忘了，或我不想打電話……」比你一直找理由解釋，你心理會輕鬆些，我也較不會生氣！

③媽媽並不想限制你以後能不能上百貨公司，我只希望你知道，我們是一家人，外出時，請記得報平安！

④打電話給家人，不是要你報告行踨，或爸媽不相信你要控制你，只是表示你能體貼家人幫媽媽心安些而已。

兒子，拜託一下嘛！

下了班，媽媽擠公車回家後，忙著準備晚餐，收拾家務、整理廚房，替孩子檢查功課，簽聯絡簿，催孩子洗澡……好不容易，到了九點鐘，終於可以喘口氣，躺在沙發休息一下，突然想到「垃圾」還沒處理，可是又累的不想動了，對六年級的志豪說：「你去倒垃圾。」，志豪說：「每次都叫我，爲什麼不叫志文？」媽媽說：「你怎麼這麼懶呢？」志文說：「我去倒垃圾，可是，我怕黑，一個人不敢去。」志豪說：「膽小鬼，三年級還怕，又沒有鬼。」志文說：「你又有多勇敢，你敢一個人在半夜去馬路上站嗎？」媽媽說：「好了！好了！你們實在很能吵，我聽了頭都快裂了，算了，我自己去，至少耳根還可以清靜些。」志豪用著不好意思眼光目送媽媽出門，看到媽媽那麼累，還去倒垃圾，自己也覺得對不起媽媽！

媽媽的心情

①我這麼辛苦是爲誰呢？孩子一點也不體貼，真令人心寒。

②我無私地爲家付出，爲什麼孩子卻這麼自私呢！

③孩子不懂得幫助別人，兄弟不會互助，以後怎麼會有好的手足關係呢？

志豪的心情

①平常爸媽都說：「你們是學生，學生的本分是要把功課做好，書讀好，其他的事，都讓爸媽處理就好了！」可是，又不時的叫我做這，做那的，爲什麼呢？

②好不容易做完所有的功課，好累喔！正想休息一下，又叫我做事，真討厭，都不體貼。

◎父母的客觀思考過程：

①有時候，父母希望孩子專心讀書，不要做任何家事，有時候又希望他能分擔一些家事，父母能明瞭自己的想法，但孩子了解自己可依循的準則是什麼嗎？孩子懂得如何區辨嗎？

②如果，父母偶而需要孩子的幫忙，不妨以「拜託」的口吻對孩子說話，讓

孩子感受到：「爸爸媽媽有考慮我的立場」、「爸爸媽媽現在正需要我幫忙」也許親子關係較不緊張些！

◎父母和孩子說話的幾種可能方式：

①媽媽知道你上了一天課很累，很辛苦了，不過，我真的需要你幫我一個忙！

②拜託你，陪弟弟走一趟，你們倆一起去我比較安心，謝謝啦！

③哥哥，拜託幫我一個忙，去倒垃圾；先休息一下，九點半以前去，都沒關係，拜託拜託，好嗎？

我是不是放羊的孩子

睡覺前，小強對媽說：「明天早餐我要吃水餃，三個就好。」媽：「太少了！至少要十個才會飽！」小強被說服了，心想：「好吧！每次媽媽說的，都最有道理。」隔天，媽媽特別早起，準備好早餐後，就去洗衣服，不一會，小強向她說再見，媽：「都吃完了？」小強眼睛不正視媽，含糊地說：「嗯，我走了。」媽收拾廚房時，不經意，發現垃圾桶最裏面，竟然有些被丟棄的水餃，小強居然敢說謊，怎麼可以騙人！太不應該了！

媽媽的心情

①這麼小就會說謊，長大怎麼得了？

②我辛苦早起，他竟然隨便就把我的愛心丟掉！

③這麼浪費，不會惜福！

④只吃幾個水餃，營養怎麼夠？營養不好，精神就不會集中，上課不專心，

學習效果一定不好……

小強的心情

①我本來想吃三個，後來聽媽媽的話，又不能確定我到底要幾個，我不知道了啦！

②昨天我希望能吃十個，可是現在吃不下了，跟媽媽說也沒有用，她一定有一大堆理由，到最後還不是要聽她的。

③吃不完放著，被媽媽發現，一定會嘮叨不停，爲了不讓她生氣，就假裝全部吃完了，媽媽會不會知道呢？萬一…可是…

◎父母的客觀思考過程：

①孩子在「吃東西」上，有沒有自主權？學習著了解自己吃的喜好及食量，不也是成長的過程嗎？

②講好的食量就不能再改變嗎？孩子想改變意見時，父母能接受嗎？

③如果，孩子把精力都放在研究大人的喜、怒、哀、樂及擔心上，如何發展

自我？又如何實話實說呢？

◎父母和孩子說話的幾種可能方式：

①桌上有十個水餃，你想吃幾個就吃幾個，吃不下的放著，媽媽會處理。

②今天在學校肚子餓不餓？你早上吃幾個水餃呢？這二件事有沒有關係呢？

③你有時說要吃三個，有時又說要吃十個，媽媽準備起來有點困難，你可不可以想想，你需要吃幾個？

樑上小君子

這是個難忘的暑假，小芬到阿姨家住了一個禮拜，每天和表姐們玩得不亦樂乎；回到家後，每天都窩在房間內自己玩。今天媽媽幫小芬整理房間時，不小心看到一支洋娃娃圖案的小花傘，十分精緻、亮麗，媽媽問小芬：「這把傘是誰的？」小芬支支唔唔說：「是我在地上撿到的。」媽媽看了看：「不可能，你騙我，快說實話！」小芬說：「真的在地上撿到的。」媽媽說：「你說實話，我不會打你，如果，說謊話被我查出來，有什麼後果你自己知道！」小芬說：「我上學時在路上看到的！」媽媽說：「我只愛誠實的孩子，不誠實的人就不是我的孩子，而且隨便拿別人的東西是小偷耶！被警察抓到要坐牢，這到底是誰的？」小芬哇大聲哭出說：「是表姐的……」媽媽狠狠的打了一巴掌……

媽媽的心情

①小芬又偷，又說謊，還強辯，不好好教育一下，長大怎麼辦呢?與其長

大，讓法律制裁她，不如我先處罰她！

②我小時候也曾偷拿爸爸媽媽口袋的錢，被修理一頓後，再也不敢了，一個人的心裏如果想拿別人東西，這是邪惡的念頭，不應該的行爲；我好心痛，小芬怎麼會和我小時候一樣呢？

小芬的心情

①原來這樣做是小偷！我只是很喜歡它，就想把它帶回來。

②其實我的心裏也很擔心，萬一表姐知道我把她芭比娃娃的雨傘帶回來，她會不高興，就不跟我玩，怎麼辦？

③媽媽還不是騙人，說不打人又打人，她說的話是真的嗎？會被警察抓走坐牢嗎？我有機會再試試看，會不會真的有這種結果。（這種想法可能在無意識中運轉著，小孩本身也不自覺。）

◎父母的客觀思考過程：

①孩子拿東西，父母很焦慮爲什麼呢？

②對孩子貼上標籤如：「你是小偷」或壓抑孩子的欲望（不可以有這種念頭，不可以想拿別人的東西……）或威脅、恐嚇，孩子就不再有此行爲嗎？內心的衝突會不會變得更複雜呢？

③父母可以如何陪孩子了解到自己的情緒（如：我喜歡……）、及合理的認知（如：這是別人的東西，沒有經過別人的同意，不可以先拿。）和社會化的行爲（如：以社會許可的方式滿足自己，不傷害或影響他人）呢？

◎父母和孩子說話的幾種可能方式：

①你拿的時候，表姐知道嗎？她和你一樣喜歡這把傘，找不到會很傷心！

②你很喜歡這把傘，可以向表姐借，或問阿姨在那裏買的，不是我們的東西不可以拿，就像你的東西，別人也不可以拿一樣。

③我們打電話給阿姨（表姐），告訴他們傘在我們家，很對不起，上次沒有向表姐借就帶回來了，可不可以借我們多玩幾天，再寄還給她。

狗嘴吐不出象牙

「鈴—鈴」媽媽說：「思賢，你的電話。」思賢說：「喂！弄什×，……」掛掉電話後，思賢走回房間，想把同學要借的模型書放進書包，才發現書本不見了，大聲說：「×，誰把我的模型書拿走了？」弟弟說：「那天我向你借，你不在，我就自己拿去看了！」思賢說：「×你×，還來！」，弟弟說：「唬！我們老師說不能說髒話，你要去廁所洗嘴巴！」思賢說：「放你×的臭屁！」站在門外的媽媽，早已聽得一肚子火說：「你嘴巴能不能放乾淨點，我跟你說過幾百遍，那些話是下流階層的人才會說的話，很沒水準，你是不是要我動手打人才不講？你好好給我面壁，想一想這樣對不對！」

媽媽的心情

①我和先生都是高級知識份子，舉止也都很規矩，怎麼會生出一個言行放蕩的兒子呢？

②這些話，我聽了都很羞愧，別人聽了，一定以爲我們做父母的沒管教，太

沒面子！

③我軟硬兼施，不准他說髒話，都沒效，好挫折。

思賢的心情

①我們同學都這樣互相說來說去，習慣了嘛，有什麼好大驚小怪呢？

②很多大人也常這樣說，爲什麼只管我們小孩，不公平，我偏要說！

③是弟弟不對在先，亂拿我東西，我很生氣，就想罵他！

◎父母的客觀思考過程：

①對於三字經的想法，父母和孩子各不相同，爲什麼我們總是聽不到和我們不一樣的聲音呢？

②愈被禁止做某件事，就像被壓的皮球般，愈想反彈，一窺究竟，人不是常常這樣走上好奇的不歸路嗎？

③有時孩子說三字經是一種情緒的表達方式，父母如何利用此機會，進行情緒教育。

◎父母和孩子說話的幾種可能方式：

①你長得這麼帥，不像是常講這些話的小孩！

②我了解爲什麼你會講這些話，我也可以接受，可是很多老師大人不能接受，你會激怒別人想打你、罵你！

③×你×是什麼意思？你和弟弟吵架爲什麼扯到我的頭上？

④「×」？你心裏想說什麼呢？我聽不懂，換一句話說說看！

一句講也不會話

「媽——哥打我」，媽探頭一看——小泰橫眉豎眼瞪著小玲的模樣，不悅地說：「這是什麼態度，她是你妹妹，不是仇人！」小泰：「她都都……！」媽媽：「妹不講理，告訴她就好，幹嘛打人。」小泰氣呼呼地說：「她……幹麼拿、拿、拿遙控……人家在看電視……哎喲！不說了。」媽媽：「講話講一半，也不說清楚些，人家怎麼知道你要什麼。」小玲搶著說：「剛才哥哥……」妹妹侃侃談著事情的前因後果，媽：「都快上國中，又是優等生，每次不是悶不吭聲，就是說話支支吾吾的，連妹妹都不如。」小泰含著眼淚，很委屈狀，轉身叭一聲用力關上房門……。

媽媽的心情

①一樣是我自己照顧的，爲什麼老大拙於表達，老二卻伶牙俐齒？難道是男女有別嗎？

②從小，我也十分口拙，長大了在工作、人群，甚至婚姻、親屬關係中吃了

很多悶虧及委屈，男孩子以後和別人競爭或合作的機會多，我很怕小泰因為不會說話而輸人。

③我不斷利用妹妹來激勵哥哥，也經常提醒他態度不好，要改，可是都沒有效，好挫折。

小泰的心情

①我有好多話想說，可是我不知道怎麼說，我真沒用。

②反正我怎麼說，也說不過妹妹，也不可能說得比她好，看到她就更自卑，乾脆不要說算了。

③媽媽都袒護妹妹，明明是她無理，又愛告狀，媽還說是我不對，要我改，連媽媽都嘲笑我，我一定是沒藥可救了！

◎父母的客觀思考過程：

①年齡、成績和說話能力成正比嗎？人自然而然就會有良好的表達能力嗎？為什麼自我表達很重要呢？

②什麼情況下，說話是件困難的事？對自己沒信心、緊張怕被比較、怕人家笑、怕被批評、不了解自己在氣什麼……

◎父母和孩子說話的幾種可能方式：

①媽媽知道你氣得說不出話來，先坐下來，喝點水。

②妹妹，謝謝妳。不過，等會哥哥自己會告訴我們，我們一起坐著聽。

③你這樣說，媽有點清楚了，然後呢？

④你生氣妹妹沒有經過你同意，就隨便轉台，是不是？來，這樣對妹妹說一次。

無言的結局

放學後，媽媽陪立志補英文，補習班在八樓，立志等了好久電梯都不下來，他對媽媽說：「我要爬樓梯上去。」媽媽心想：「那麼高，但，孩子想，就讓他試試看吧！」上了樓，媽媽說：「你爬八層樓是不是很累，媽媽有耐心多等一下，就很輕鬆上來，不是很好嗎？」下課後，立志買了包泡麵，媽媽心想：「那是他的零用錢，隨便他買。」等立志吃完後，媽媽說：「泡麵是垃圾食物，最好不要常吃，把錢存起來可以買有用的東西。」睡覺前，媽媽說：「你有沒有什麼話要對媽媽說呢？」立志說：「沒有。」媽媽說：「在學校都沒有什麼特別的事嗎？」立志說：「每天都差不多砑！」媽媽想起，上次和同事出遊，立志和大家有說有笑的，但一旦自己靠近他，他就不太說話，爲什麼他在別人面前，和自己面前不一樣呢？

媽媽的心情

①我四處聽親職教育演講，努力當個民主的媽媽，儘可能配合孩子的作息、

喜好、接近孩子，但爲什麼，他和我不親密呢？

②專家說要讓孩子多嘗試、多經驗，我也做了，而且我都用和緩的口氣，分析是非道理給他聽，希望孩子能少走些冤枉路，孩子都不聽我的，我好著急。

③我不打、不罵孩子，難到還有什麼地方做錯了嗎？

立志的心情

①我在媽媽的心目中一定很爛，不然，爲什麼媽媽總要再說個「更好的意見。」

②事後媽媽講道理時像放馬後炮，我都有「被暗算」、「被耍」的感覺，我不曉得什麼時候，媽媽又要說什麼事做的不夠好了！

③少說少錯，不說不錯，現在我都不太想和媽媽說話了！

◎父母的客觀思考過程：

①親子關係中，父母顯得能幹，優越、明亮，而孩子顯得黯淡、不光彩、沒

信心，是父母期待的嗎？

②以父母的觀點看孩子的想法，必覺得他幼稚、不成熟；孩子以自己的觀點看父母的想法，也覺得他們古板，不知道變通，人的想法都不盡相同，誰又有權力以自己的觀點來評判他人呢？不同的觀點可不可能同時並存呢？

◎父母和孩子說話的幾種可能方式：

①爬樓梯也是個好辦法，還可以順便運動一下，真不錯！

②偶而吃吃泡麵，你一定很滿足。

③你喜歡爬樓梯，還是坐電梯呢？各有什麼優點呢？

④泡麵有什麼魅力呢？爲什麼小孩子都那麼喜歡？你可不可幫助媽媽，了解一下。

心的測驗題

媽媽下班回到家，發現家中一片黑暗，看不到大雄的蹤影，也找不到他的書包。家，像未被移動過的樣子，她心頭一驚，想著：「這麼晚了，怎麼還沒回來呢？會不會發生什麼意外？到附近商店找找吧！」走到樓下，碰到大雄，他看起來很高興地說：「媽媽，你下來找我嗎？」媽媽發現他是故意躲起來，讓她找，所以佯裝沒事說：「我幹嘛找你？我是下樓買東西的。」過一會，大雄又說：「我明天不想去學校。」媽媽說：「你要不要上學關我什麼事？如果，你以後想當清道夫，你明天就不用去上學了！」回到家中，大雄說：「我好渴，你幫我倒杯水。」媽媽說：「杯子和茶都在桌子上，這麼大了，要喝自己不會去倒！」大雄終於忍不住說：「爲什麼我的事你都不管、不幫忙？」

媽媽的心情

①我實在不了解大雄，怎麼愈大愈不懂事呢？總是故意做些事讓人擔心、生

氣，我不能讓他看出我很緊張，不然以後他用這種方法威脅我，怎麼辦？

②以前，我總是把孩子的事，當成自己的事，替他擔待，朋友都說，大雄像長不大的小孩，都是被我寵壞的，我現在要和孩子畫清界限，井水不犯河水，看他能不能獨立些！

大雄的心情

①媽媽是不是不愛我了？爲什麼以前我說什麼她都會做，現在卻變了，變得無所謂，不關心我！

②爲了證明她到底還愛不愛我，我一定要做些不尋常的事，說她不喜歡聽的話，看看她的反應，試試看她會不會真的遺棄我！

◎父母的客觀思考過程：

①父母親愛孩子，孩子卻有被漠視的不安全感，爲什麼呢？

②我們想把孩子推開是期待他能獨立，但「推開」卻令孩子覺得被父母拒絕，反而黏我們更緊，如何讓父母和孩子對獨立有共同的認知標準呢？

③「依賴→獨立」是成長的過程，而一個孩子到達完全的獨立可能是十八歲或者更大的時候，在行動面上，父母鼓勵著孩子自己逐漸負起責任，而在精神面上，卻須表明對孩子的信心及永續地支持。

◎父母和孩子說話的幾種可能方式：

①你明知媽媽會擔心你，還拿媽媽的「愛」開玩笑，太過分了。

②如果你不確定媽媽是不是愛你，你可以直接問我，不要用這些方法對媽媽「考試」好嗎？

③有二個媽媽，一個什麼事都爲孩子做好，但朋友都笑他什麼都不會做；另一個媽媽，幫忙孩子自己做自己的事，朋友都覺得他很能幹，你認爲那些種方式對小孩比較好呢？

哎喲、我肚子痛！

鬧鐘響個不停，凱凱知道該起床了，今天是禮拜幾呢？禮拜四，喔！又要上體育課，腦中浮現這幾次打躲避球，自己跑太慢，被同組罵「死胖子」的情景，眼皮就變得更沉重了！媽媽發現凱凱還在床上，快速地幫他換衣服、吃早餐，凱凱仍一副無精打采的樣子，媽媽說：「你怎麼了？」凱凱：「爲什麼要上學呢？」媽媽說：「你不是很喜歡上學嗎？」凱凱說：「可以不去上學嗎？」媽媽說：「不可以，你是不是不舒服。」、「我肚子痛。」媽媽說：「那裏痛呢？今天學校有什麼課呢？」凱凱說：「今天有體育課。」媽媽說：「那還好，沒關係，就在家休息一天好了！」

媽媽的心情

①這個孩子有時候上學很快樂，有時候，又動作慢吞吞的，不想上學的樣子，真奇怪。

②這一陣子，他常說肚子痛，可是沒過多久，就自己好了，身體有什麼毛病

嗎？真令人擔心！

③比較重要的課，像數學、國語，我就一定要他去上學，其他科目，較無所謂，讓他在家休息算了！

凱凱的心情

①上體育課好累喔！我這麼胖跑不快，又不會接球，還常被打死，好丟臉，我不想去。

②如果，不去上學，媽媽一定不同意，上次，肚子痛媽媽就同意我在家休息，不想上學時，我就覺得肚子有點痛。

③有時媽媽同意，有時又不贊成不去學校，我常常提提看「不上學」的事，也許，運氣好，媽媽會同意。

◎父母的客觀思考過程：

①有些人在生活中碰到難題，或緊張的時候，會以生理反應呈現，譬如說：肚子痛、頭痛……。孩子也是一樣，有時候，連自己都不自覺呢！

②上體育課打躲避球對孩子有什麼功能呢？它除了提供孩子大小肌肉、感覺統合訓練及與同伴人際關係外，接得住球的孩子，相對地，面對問題的能力也較好，您相信嗎？

◎父母和孩子說話的幾種可能方式：

①「在學校又發生什麼事嗎？」、「體育課都在做什麼事呢？」

②如果，醫生認爲需要在家休息，才留在家裏，而且只能躺著休息，不看電視、漫畫、打電動、充分休息。不然，媽媽認爲你還是要去學校。

③禮拜六，我們一起來練接球，剛開始也許有點困難，多練習幾次搞不好，你就變成高手囉！

「心」到那裏去了？

吃晚飯時，宗宗對爸爸媽媽說：「今天上美術課，畫水彩畫，不知道爲什麼，『叢林奇譚』就沾了好多顏色。」媽媽說：「叢林奇譚是什麼？」宗宗說：「我們班級圖書館的書啊！他們都說，以後不准我借了！」媽媽說：「那有這種事，老師有這樣說嗎？」宗宗說：「我不知道。」媽媽說：「你每次都這樣，什麼都不知道，書怎麼弄上顏色也不知道，用點心好嗎？」媽媽語調升高許多，一時間飯桌沈默下來了，用完餐、收碗筷時，媽媽說：「那現在怎麼辦？」宗宗說：「上次有人把書搞丟了，結果，買一本新的賠。」媽媽說：「那本書多少錢？」宗宗說：「壹佰元。」媽媽說：「你那來的錢？」宗宗說：「從零用錢扣下來呀！」媽媽說：「算了，你每個月都不夠花了，還是這次媽媽幫你出錢，下次要小心點。」

媽媽的心情

①這孩子就是粗心，常常把事情弄得一塌糊塗，怎麼不叫人擔心呢？

②他的同學怎麼可以聯合起來對付他呢？才不過小學生嘛、孰能無過？

③看到他那麼可憐，我也不忍心，既然他能認錯，我就幫他吧！

宗宗的心情

①好奇怪，莫名其妙的書就髒了，我一點辦法都沒有（無力感）。

②媽媽要幫我出錢，當然很好，我可以再去買其他東西，可是心中反而覺得很不好意思！

③我好像下不了決心做什麼，覺得心裏沒有力量，不知道要怎麼做才是對的。

◎父母的客觀思考過程：

①父母一方面擔心孩子很粗心，另一方面又因不忍心，而替孩子收拾爛攤子時，孩子學習到什麼呢？心就能安定下來嗎？

②孩子在享受心痛時（這個月少了壹佰元的錢了！）也同時享受「我是能負責任的人」及自省的機會。（如：為了不白白花掉壹佰元，我下次畫水彩時，要把畫收在抽屜

才開始畫）

◎父母和孩子說話的幾種可能方式

①你能夠想到用零用錢去買一本新書還圖書館，真是很能幹。

②如果這樣，剩下的零用錢夠不夠用呢？這個月就請你多忍耐忍耐！

③上美術課時發生了什麼事嗎？假裝這是你當時的桌子，書放在哪？彩色筆放在哪呢？然後呢？……（和孩子一起回溯事件，共同找出可能的盲點，以做為下次行為的參考。）」

父母放輕鬆

報名參加夏令營後，媽媽常對小寶說：「到營隊時，吃飯要吃快一點，不然吃不到菜，肚子會餓。」小寶說：「肚子餓又不會怎樣。」媽媽說：「還有不能離隊，要不然發生意外，找不到你，就回不了家了。」小寶不說話，媽媽又說：「你的衣服……全部的行李都幫你準備好了，用過後再放回原位，才不會找不到……」小寶說：「找不到又不會怎樣。」媽媽說：「反正你要聽媽媽的就對了。」出發前一天，媽媽說：「記得我說的話嗎？說一次給我聽。」小寶說：「哎喲！我都知道了，要聽老師的話、守規矩、每天打電話回家。」結果，一到營隊，小寶一有機會就和老師說話，不喜歡和小朋友一起玩，也常不遵守團體規則常擅自離隊……

媽媽的心情

①我很擔心小孩的安全，還有他會不會照顧自己呢？沒有親眼看到孩子就是無法安心。

②不希望孩子是溫室裏的花朵，希望他能接受考驗、獨立些，又怕他吃苦，很矛盾。

③小時候，父母都很忙，沒時間照顧我，自己總有孤單的感覺，送小寶去夏令營，他會不會覺得我不要他或有孤單的感覺？

小寶的心情

①媽媽說的事情，我都不希望發生，所以，在心裏、嘴巴上都往相反的方向去做。

②有時，我又很好奇，媽媽說的話，真的會發生嗎？所以，在行動，總想往「媽媽說不可以做的事」的方向嘗試，看看後果如何。

③有時，我又擔心萬一發生事情怎麼辦？還是找另一個大人，當自己的靠山，較安全些！

◎父母的客觀思考過程：

①是誰？父母還是孩子割不斷彼此間的臍帶，而想繼續親子間的依賴關係

呢？

②如果，對機構不是有某種程度的信賴，怎麼會替孩子報名呢？既然決定信賴機構，爲什麼不給自己、孩子一個機會呢？

③父母被自己的不安全感控制，而產生過份保護的態度，而孩子可能被父母的不安全感傳染，而產生不敢獨立（如：繼續依賴大人）或不斷想證明自己可以獨立（如：挑戰規則）的傾向呢？

◎父母和孩子說話的幾種可能方式：

①爲什麼你一直挑戰媽媽說的話呢？你不喜歡我這樣講嗎？是媽媽的擔心很多，我來想辦法安定自己。

②還有幾天就要去夏令營了，你想帶什麼東西呢？想穿那些衣服，我們一起來準備行李。

③在夏令營中可能會碰到一些和平常不太一樣的事，也許很有趣，也許你不知道應該怎麼辦，沒關係，那裏的老師、小朋友會和你一起想辦法！

夏令營是萬靈丹？

晚上八點多時，媽媽對平平說：「趕快去洗澡。」平平說：「等一下。」，過一會媽媽發現平平還在拼圖，耐下性子說：「怎麼還不去洗澡？」平平說：「好啦！好啦！」最後媽媽見平平都沒有動靜，忍不住大聲說：「這麼懶？動作又慢，怎麼會生下你這種兒子！」平平用力摔拼圖說：「洗就洗嘛！爲什麼每次都聽你的。」媽媽說：「你已經十歲了脾氣還這麼壞，動不動就生氣，這樣不行的。我幫你報名參加一個夏令營，專門就是要改掉你這種壞毛病，我承認，我拿你沒辦法，讓別人去教教你，我不管別人會用什麼方法，就不信解決不了你的問題。」到了營中，平平都不理睬老師，也不依循活動指示參與活動，就一個人在旁邊，冷冷地看著……。

媽媽的心情

①想到平平就很挫折，什麼辦法都用盡了，也努力壓抑自己的情緒，還是改不掉他的壞脾氣。

②平平的問題實在太大了，只有找專家來解決，可是，僅僅幾天的活動就能改掉平平的問題嗎？如果，連專家都沒辦法，那完全就是平平個人的問題了。

平平的心情

①我希望把拼圖拼完，再去洗澡，可是就是少一片，很著急，媽媽又一直催，我更急，就把氣轉向媽媽。

②在營中，我很緊張，不知道其他人會不會把我當成一個問題孩子，我還是不要和他們接近比較好，也怕控制不住自己又亂發脾氣。

③我很好奇，這群人到底會怎樣對待我？如果，我不玩、不聽他們的話，他們能拿我怎樣？會不會和媽媽的反應一樣呢？

◎父母的客觀思考過程：

①孩子的行爲已有十年的歷史，如果，幾天的營隊就將某個行爲消除，對父母情何以堪？孩子需要較多的時間（一年、二年或許更長……），重整從小到

大的生活經驗，並學習新的行爲模式。

②孩子的行爲問題是來自孩子個人的因素嗎？如果，父母這麼想，是太低估自己對孩子的影響力。有些父母會意識到「自己的態度」和「孩子的行爲」是互動的關係，而想畫清自己的責任，是不想調整自己的教育態度嗎？

◎父母和孩子說話的幾種可能方式：

①「你打算什麼時候洗澡呢？」、「你告訴我，要去洗澡，卻一直沒有動，爲什麼呢？」

②我知道你很生氣，可是不曉得你常常在氣什麼，你可不可以把它說出來？

③有一個夏令營，它專門幫忙小孩學習了解自己，說出心裏的話，爸媽希望你能參加，因爲我們想更了解你，也希望你快樂些！

孩子打雷時…

媽媽下班回家，發現豆豆還在房間，探頭問：「功課還沒有寫完呀！」豆豆叫著說：「你進來做什麼？我背書背一半，都忘了背到哪了！」媽媽也大聲說：「我又沒有耳聾，兇什麼兇？」豆豆像吃了炸藥地說：「什麼老師嘛！出那麼多功課，累死人了。」媽媽不悅地說：「你自己動作慢，怎麼可以怪老師，你寫功課累，我上班又要做家事也很累，你知不知道？」「琴練了沒？」豆豆說：「手好酸，晚上八點再練。」媽媽：「等一下功課寫完，趕快練一練，晚上就可以休息。」豆豆提高嗓門：「我晚上才要彈。」媽媽：「遲早要做的事，爲什麼不先苦後樂呢？」豆豆大吼：「爲什麼每次都要聽你的？」

媽媽的心情

①孩子說話那麼大聲，沒禮貌、沒修養、脾氣又壞，不好好教育一下，怎麼可以！

②孩子不服從父母的意思，父母的權威倍受挑戰！

③父母工作很辛苦，爲什麼孩子不了解我的苦心呢？

孩子的心情

①大聲說話，是想告訴媽媽自己心情不好，功課不順利，又說不出來，不小心就遷怒到媽媽身上！

②媽媽一直說她要說的話，聽不懂我在說什麼，我只想「訴訴苦」、「被人拍拍、抱抱，安慰一下而已呀！」

③不大聲說話不行呀，我怕媽媽聽不下或否定我的話！要不然又會強迫我聽他的。

◎父母的客觀思考過程：

①孩子打雷，父母就跟著刮颱風，爲什麼呢？如此反應，孩子果真不再打雷嗎？

②孩子需不需要學習自己安排彈琴時間呢？

③父母的辛勞，是孩子要擔待的嗎？

◎父母和孩子說話的幾種可能方式：

①豆豆：辛苦了一下午，要不要休息一下？

②你看起來很生氣，不過媽媽是無辜的喔！

③你在煩什麼呢？說給媽媽聽。

④媽媽只是說出我的意見，你可以參考看看！

⑤媽媽說自己的意見，又不是在勉強你，不用那麼大聲說話，你自己本來就可以決定！

全世界最壞的媽媽

小永這一期的電子琴課程已快告一段落了，老師問「有誰要參加發表會？」小永毫不猶豫地舉手，坐在一旁的媽媽覺得很欣慰，自己的辛苦總算有代價。不一會，老師安排每個人表演的曲目及練習時間，小永對媽媽說：「我不要練習。」媽媽說：「怎麼可以不練習呢？這樣上台會很丟臉的。」小永說：「我很忙耶！我沒空彈琴。」媽媽說：「上台表演是一件很光榮的事，很神聖的事，不是扮家家酒，隨便玩玩的，而且很多人會獻花、鼓掌。」小永說：「我要表演，可是不練習。」媽媽說：「那你就不要發表算了。」小永說：「我要啊！」媽媽說：「我不帶你去了。」小永說：「臭媽媽，爛媽媽，你是全世界最壞的媽媽，媽媽……。」

媽媽的心情

①一分耕耘，一分收穫，爲什麼孩子總想不勞而獲呢？

②自己也很挫折，爲什麼我用心良苦，孩子都體會不到？

③我是不是做錯了，讓孩子對我那麼失望，我苦心經營的親子關係竟不堪一擊，真懊惱！

小永的心情

①我總是想像我擁有無比的神力，不用練習，我也可以做的很好。
②媽媽都不讓我想像，都要我面對現實，「負責任」、「負責任」好辛苦喔！
③我有一種氣球被搓破的感覺，下不了台，就把不快樂的情緒發在媽媽身上。

◎父母的客觀思考過程：

①如果，父母真是爛父母或親子關係令小孩覺得不安全，孩子又怎敢對父母說出情緒話呢？
②小孩有表達情緒的需要和權力，這和父母好不好是兩回事，不是嗎？

◎父母和孩子說話的幾種可能方式：

①「不練習就可以上台表演，真的很吸引人……（陪孩子一起做夢……）」

②我們來問問老師，看他同不同意你不練習呢？

③（玩笑似地回應孩子）臭兒子、爛兒子，我們回家吧！

④我知道你不喜歡聽我剛才講的話，可是我也不喜歡當你的垃圾筒，我先走開一下等一下再回來。

媽媽，我笑不出來……

「小美，等一下，別忘了送弟弟去美術班！」媽媽說。小美說，「我不想帶他去。」，媽媽說：「妳是姊姊呀！不幫忙照顧弟弟，誰照顧他呢？」小美的臉低下來。媽媽又說：「天有不測風雲，人有旦夕禍福，也許，那一天，媽媽發生了什麼事，爸爸和弟弟都要妳照顧，也只有他們是妳最親近的人，妳要堅強，要有責任感。」小美的臉更沉，媽媽接著說：「妳是媽媽唯一的女兒，和我最貼心了，媽媽的心事只能講給妳聽，妳知道嗎？」小美點點頭，轉身要進房門，媽媽說：「妳怎麼不多說點話呢？妳太安靜了，是不是有什麼不快樂？」小美搖搖頭，媽媽說：「妳要開朗點，要常微笑，這樣人家才會喜歡妳，來，笑一個給媽媽看。」……。

媽媽的心情

①人的生命是很脆弱的，隨時都可能消失，我要讓小孩在平日就有這種危機意識，以免措手不及。太可憐了。

②保持愉快的心是很重要的事，可是，爲什麼小美都開朗不起來呢？我好著急！

小美的心情

①媽媽會不會突然就不見呢？我每天都很擔心，萬一真的發生，我怎麼辦？

②我有種莫名的恐懼感，好像隨時會發生什麼事，即使現在很高興，也可能稍縱即逝。

③我覺得肩膀上好重，有東西壓得我喘不過氣來，我好想哭！說不出來，也笑不出來！

◎父母的客觀思考過程：

①父母想讓孩子有「應變世事」的能力，孩子卻「生活在恐懼」之中，爲什麼呢？

②父母對生命也有恐懼感嗎？父母在恐懼什麼呢？我們的害怕，有可能和自己的成長經歷有關（也許是親人驟逝、家道中落或自己發生意外……），但讓兒女來

承擔或解決害怕（譬如萬一我死了，你要負起照顧弟弟責任）而不是對自我做內心的整理，我們就真的心安而無懼嗎？

◎父母和孩子說話的幾種可能方式：

①媽媽很健康，而且還想當阿媽，不會那麼早就死，你放心。

②如果真的發生什麼事，還有爸爸在呀，沒有問題。

③你不想帶弟弟去美術班，是不是發生了什麼事呢？

予豈好辯哉……

放學了，阿瑛興沖沖地回家，迫不及待地放下書包，就在客廳邊吃零食邊看著少年快報，爸爸經過客廳，看到桌子上亂放著書包、外套，還有一些沒吃完的零嘴，不高興的說：「客廳怎麼這麼亂呢？還不收拾一下！」阿瑛：「等一下啦！」爸爸：「每次都說等一下，等一下，然後就忘記了。」阿瑛：「放一下，又不會死，又有什麼關係！」爸爸：「想坐一下，都找不到地方坐！」阿瑛：「那麼誇張，妹妹還不是都把棋子放在椅子上，你們都替他收拾，也可以順便替我丟一下垃圾呀！」媽媽經過客廳對阿瑛說：「我們不是說好了，每天放學回家就把書包拿到房間嗎？怎麼又忘了呢？」阿瑛：「我本來就要進去，可是，爸爸就一直說，說個不停。」媽媽：「你自己忘記，還賴到爸爸身上。」阿瑛：「只差幾分鐘，又有什麼關係，而且，誰叫你不提醒我。」媽媽：「那是你自己的事，爲什麼要我提醒你。」阿瑛嘟著嘴：「都是因爲你這麼凶，我才不拿。」這時候，妹妹拿著一卷錄音帶從阿瑛的房間出來說：「你幹嘛又拿人家的東西呢？」阿瑛：「我那有？」妹：「還說沒有，我就在你抽屜找到的。」阿瑛：「你怎麼可以亂開人家的抽屜，誰讓你進我的房間的？」妹妹：「誰叫你每天都拿我的東西。」阿瑛：「那有每次，而且，昨天我有向你借，你自己耳朵不靈光，沒聽到，還怪人家。」媽媽：「明明是妳不對在先，怎麼還一直怪人家呢？」阿瑛：「誰稀罕那個東西！」並很大力的關門，媽媽：「幹嘛拿門出氣！」阿瑛：「你沒有看到我拿書包、手沒有空啊！用腳關門不行呀！」

爸媽的心情

①知錯能改，善莫大焉，阿瑛怎麼可以不認錯呢？她愈要辯，我愈要改變她，不然，長大怎麼辦。

②黑色的，也能說成白色，這是一個怎麼的小孩呢？太可怕了，我一點都不了解她。

③我用盡了各種方式——討論、處罰、獎勵，怎麼阿瑛還是這個樣子，好挫折！

阿瑛的心情

①每一次出差錯（如：沒丟垃圾、忘了把書包放回房間，自作主張拿妹妹的東西……）就很緊張，擔心被發現，如果被發現，又覺得倒楣，自己也很煩惱，自己怎麼老是記不住該做的事呢？真希望自己並沒有這麼糟糕！

②爸媽會不會認爲我不是一個好小孩，他們這樣說，是在批評我的行爲嗎？我沒有達到爸媽的期待、要求，他們會不會生氣，就比較喜歡妹妹，不喜歡我呢？

③爲什麼我的缺點，一下子就被爸媽看到呢？我自己不想讓人家知道我是這樣的人，他們那麼大聲說出來，實在令我沒面子，我有點惱羞成怒！

④如果我把一切罪過歸到別人身上（如：爸媽太凶了，妹妹自己耳聾了……）或找理由合理化自己行爲，要不然就假裝沒發生什麼事別人幹嘛大驚小叫……至少，這樣子，我的心裏會覺得好過些，暫時假裝自己也不是很糟糕，這樣子呀！不但心理可過關，也可以不改變自己的態度。

◎父母的客觀思考過程：

①孩子好辯是爲什麼呢？是擔心被誤解，所以要說明真相？還是心虛，所以找許多理由讓自己的心理可過關？

②父母的情緒化、指責或拆穿孩子的防衛，能否幫忙孩子自我反省呢？抑或成了孩子遷怒脫罪的對象呢？

③我們自己有沒有類似的經驗呢？——知道應當做什麼，但卻沒做或不想做，被發現時，自己也有如此的反應呢？這時候，我們希望別人說什麼、做什麼呢？

◎父母和孩子說話的幾種可能方式：

①我不是在罵你，我只是要告訴你，你影響我的生活了。

②爸媽想幫助你，養成一些生活習慣，我們怎麼說，你比較能接受呢？（或你不會覺得我在罵你呢？）

洩了氣的紅包

今年可真是胖哥的豐盛年，總共拿到了好多壓歲錢，年初三就約了表哥一起去買磁碟片！一下午買了一千多元，媽媽知道後，有點不高興，對胖哥說：「剩下的錢呢？媽幫你保管。」胖哥：「爲什麼？這些錢是大人給我的紅包呀！」媽媽說，「你別忘了，是爸媽送紅包給別人，你才有錢，再說，錢放你身上，沒幾天大概就被你亂買光了，媽幫你留著，以後有需要時再拿出來。」胖哥說：「我現在就需要啦！表哥說有一種新卡帶很好玩……」媽媽：「不行，你卡帶已經很多了，不能浪費，錢給媽媽，下學期幫你交學費。」胖哥像洩氣的皮球，無言以對。

媽媽的心情

①孩小還小，不懂得節制，大人不幫他保管錢，養成浪費習慣就改不了！
②人的欲望像無底洞，愈買東西，心愈大，沒錢時，怎麼辦？
③孩子常買些沒用的東西，不如幫他存起來，培養儲蓄美德。

胖哥的心情

①我是不是被貪心魔控制了，變成個貪得無厭的孩子呢？
②我的紅包爲什麼不能自己保管？媽媽自己愛錢，還說了一大堆理由都說是爲了我，她最愛騙人了！
③我有錢，就得趕快花光，不然，媽媽叫我給她保管，我不就沒錢用了嗎？

◎父母的客觀思考過程：

①壓歲錢是大人給孩子的祝福，還是大人間禮尚往來的棋子呢？
②人的欲望無窮，但錢又有限，如何在其中找到協調心態，有計畫地使用錢，逐步或部分滿足需要，不也是成長中必須學習的能力嗎？大人全權保管錢，孩子從何學習呢？

◎父母和孩子說話的幾種可能方式：

①壓歲錢是大家恭喜你又長大一歲了！你是個大小孩囉！

②你想留多少錢，在過年這段時間用呢？

③壓歲錢是讓你在這一年中，很想買東西，可是又太貴，不是零用錢付得起的時候使用的，你打算一年分幾次提錢？每次最多提多少錢？錢是你的，但是媽媽要聽聽你的想法。

孩子吵著買東西！

阿明和媽媽一起上市場，看到電動小火車，阿明：「媽媽，我要買玩具。」媽：「不行，家裏的車車已經太多了。」阿明：「可是，我很想要火車嘛！我好久都沒有買了。」媽：「上禮拜才買了一把劍，怎麼會好久沒買玩具呢！」阿明：「我不管，我一定要。」媽：「家裏還有汽球啊！等你以後乖一點再來買。」，阿明邊哭邊說：「我要買啦！」媽：「不准哭，再哭，回家就知道會怎樣……」

媽媽的心情

①阿明不會珍惜玩具，喜新厭舊，是不是玩具得來太容易。

②阿明看到什麼都想買，購買慾太強，會不會貪得無厭，以後，沒有錢時，會不會去偷……

③每次不買給他，他就會哭、耍賴，我沒有辦法，只好假裝兇些威脅他……

阿明的心情

①我喜歡會自己動的火車，好神氣，我們同學都有，我也要有。

②我想要買，可是媽媽不讓我買，好失望，就想哭，媽媽還那麼兇，更想哭。

③有時媽媽也會買玩具，有時又不會，反正，我每次都吵吵看，也許媽媽就會買了。

◎父母的客觀思考過程：

爲什麼孩子要「買」、想「買東西」的欲望很強呢？對於一個四、五歲的孩子來說，應是發展「我」的重要階段，孩子會呈現許多和我有關的想法，如：「我要……」、「我想……」、「我喜歡……」如果，孩子的意見能明白表達，也知道自己何時能滿足自己，孩子的「自我」會較明確，在情緒和自信心也會較穩定的發展，但是，人的欲望無窮，金錢有限，因此，如何在這兩者間取得平衡，也是這階段的孩子要開始學習的課題。

◎父母和孩子說話的心理可能方式：

①每周給阿明一些零用錢，放在阿明的小錢包裏，鼓勵阿明用自己的零用錢買喜歡的東西，同時，也提供孩子自我選擇，做決定的機會。

②如果，錢用完了，請阿明等到下禮拜再買，若阿明失望哭，請媽媽「抱抱他」說，「我知道你很失望。」透過父母的支持愛，幫助孩子度過貧窮的感覺，並有延宕滿足的力量，等待下次，發零用錢再買東西。

三千煩惱絲是誰的煩惱？

晚上，媽媽發現小堂洗澡時卻又沒洗頭，忍不住叫說：「你知道你幾天沒洗頭了嗎？十天了耶！少爺，頭髮都生油了，髒不髒？」小堂說：「不會啊！我覺得不髒呀！」媽媽說：「我看了就噁心！」小堂說：「又不會死！而且，我不常流汗，又多在冷氣房內。」媽媽說：「不行，我受不了。」小堂說：「頭髮是我的，你說過，我的事我可以自己決定要不要做。」媽媽說：「既然你這麼聽我的話，那我現在命令你去洗頭。」小堂說：「好！好！好！我知道了，有空我會洗」媽媽說：「你每次都這麼說，每次都敷衍我，結果還不是不了了之。」小堂嬉皮笑臉地說：「好！好！好！我知道了！」

媽媽的心情

①我這麼愛整齊的人，怎麼會有又懶又髒又不愛清潔的孩子呢？真令人著急！

②我不想強迫小孩，希望他能自動自發，但每次都很失望，真拿他沒辦法！

③小孩說的沒錯，頭髮是他的，他有權決定要怎麼辦，可是當媽媽的人不能有意見嗎？好矛盾！

小堂的心情

①洗頭最討厭，水會一直流下來，有時跑到眼睛，好痛，有時又流到耳朵，鼻子、嗆死了，我怕不能呼吸！

②洗頭有點麻煩，我常一進浴室就忘記要洗，出來才想到，心想：明天再洗，怎麼知道，明天又忘了！

③媽媽說我的事可以自己決定，我也想試試看媽媽真的會聽我的決定嗎？結果，還不是又想控制我聽他的！

◎父母的客觀思考過程：

①如果，孩子的決定會影響自己的身體健康，或妨礙家人生活時，孩子仍能爲所欲爲嗎？父母親的權威可以如何出現呢？

②讓孩子經驗到自己行爲的自然後果，如：頭髮太髒、會癢。

③對於孩子不愛護自己的身體提出抗議（而非抗議孩子不聽話）

◎父母和孩子說話的幾種可能方式：

①你不想洗頭，可是我又受不了你頭髮的味道，所以沒有辦法和你一起吃飯，吃飯時，我會把你的飯菜挾好，請你在廚房吃，（或，我不敢到你房間，或想親你，抱抱你都不曉得怎麼親近你。）

②我很生氣，你不愛護頭部的清潔，我只好替你照顧你的衛生，在夏天每星期至少要洗二次頭髮，你打算禮拜幾洗頭，媽媽幫你登記。

③有沒有什麼方法，可讓你洗頭時，水不會跑到眼睛或鼻子，或什麼方法會讓你覺得舒服點呢？

通通要小姐

今年暑假小芬和媽媽參加親子海外旅遊，住在國際大飯店，還享受免費自助式早餐。早餐時，小芬看到各式各樣的食物，對媽媽說：「這些東西都可以吃嗎？」媽媽說：「對！隨便你吃。」小芬拿了好多，還拿了一些很新奇沒吃過的東西，媽媽看了嚇了一跳，心裏想：「怎麼像餓死鬼一樣，拿那麼多呢？」後來，小芬吃不完，媽媽說：「真浪費，算了！就擺旁邊吧！下次不可以這樣。」小芬又說：「我們房間裏的東西，像泡泡浴、毛巾、拖鞋、水果、糖、奶精、咖啡、紅茶，可以帶回家嗎？」媽媽有點不高興說：「那些東西也沒什麼用，你怎麼看到什麼都要呢？好吧！既然你要，就拿一些吧！反正，我們付錢了，東西都是我們的。」

媽媽的心情

①看到小芬的吃相，別人還以爲我這個做媽媽的人虐待他似的，真沒面子。

②不吃（拿）白不吃（拿），付過錢，當然有權力享受！

③看到小芬貪得無厭、不惜福的樣子又很生氣，真沒教養！

小芬的心情

①出外旅行，什麼都很新奇，有股衝動，什麼都通通想要！

②平常媽媽都會「不准這樣」、「控制那的」，現在有這麼多東西，媽媽又不反對我，當然要多拿些！

③雖然媽媽有點不高興，可是，她都同意我的做法，表示我的行爲還是對的！

◎父母的客觀思考過程：

①如果，今天孩子索求無度的對象是父母（如：爸媽買……給我，送我……東西），我們也會有相同的反應，同意孩子通通要嗎？

②出國旅遊的功能之一是創造許多新的生活經驗，這其中是否也包含刺激孩子學習面對新的情境，發展較適宜的思考和行爲來對應呢？

◎和孩子說話的幾種可能方式：

①食物是很珍貴的喔！下次我們吃多少，就拿多少，好嗎？

②沒有吃過的東西，也不知道自己喜不喜歡吃，下次，可以先拿一點點，喜歡吃再去拿。

③我知道你很想要旅館的東西，可是它是讓我們住在這裏用的，不能帶回家，你需要現在可以多用一點……

預言家V．S．烏鴉嘴

晚上，大偉準備洗澡時，媽媽說：「你不要忘了拿內衣褲，等一下又哇哇叫別人幫你拿。」大偉說：「誰說我忘記拿？我那有？」洗完澡，大偉拿出一本書，媽媽說：「不要看到漫畫書，就連燈都忘了開！」大偉說：「我又還沒要看書。」，開了燈，到廚房倒杯水，媽媽又說：「邊拿書、邊拿水、小心水打翻」，不一會，哐噹一聲，杯子翻了，大偉說：「都是你，你不說都沒事，每次你一說就會發生。」氣嘟嘟地回房，媽媽說：「等一下看書，不要瞇著眼，把書貼著臉看，最好勤快點去拿眼鏡，不然度數愈來愈深，瞎了眼，不要怪我沒有提醒你！」大偉說：「我那有瞇眼？那有不拿眼鏡？你每次都亂講，煩耶！」

媽媽的心情

①大偉是我的孩子，我怎麼會不知道他下一步要做什麼，對他不利的結果，我當然要避免它發生，我有一股責任感，想保護他！

②我自己小時候，很多事不會長遠想，有時，爲了怕麻煩，或心急有股衝動要做某件事，就很任性去做了，事後都很後悔，我不希望大偉和我一樣。

大偉的心情

①我心裏有點想法，或忘記什麼事的時候，都會被媽媽說中，這種「被逮到」的感覺，刺刺的，很討厭！

②每次媽媽說的話，都會變成真的，真讓人下不了台，有點惱羞成怒，想罵人！

③還沒有發生的事，媽媽就預測我一定怎樣，好吧！既然她認爲我是這樣的人，我就當這種人吧！

◎父母的客觀思考過程：

①我們想以自己的力量成爲孩子的保護膜，但孩子感受到的是什麼呢？

②我們想保護孩子，是爲什麼呢？是自己小時候對父母關愛的渴望（或是失望）？還是，孩子現在的希望呢？

③不經一事，不長一智，「事」與「智」如何相關？

◎父母和孩子說話的幾種可能方式：

①今天剛好媽媽有空可以幫你拿衣服，萬一我正在忙，不能幫你，怎麼辦呢？

②「有時候，你對你的眼睛很好，會開燈、拿眼鏡看書，有時候又不會爲什麼呢？」、「忘記的時候，你希望媽媽怎麼提醒你？」

③你長的這麼可愛，可是爲什麼，你不愛你自己的身體、眼睛呢？

如履薄冰的孩子

這次月考小美國語考九十八分，媽媽問：「還有二分到那裏去了？」原來是漏寫一題，媽媽不悅地說：「考試前還特別提醒你要檢查，你都不聽話，還有，字寫得像鬼畫符。」於是媽媽拿出家法鞭打小美二下手心，並罰寫生字一百遍。妹妹小麗看在眼裏，靠近媽說：「老師說我成績進步了，還有字寫得很漂亮。」媽媽看看小麗的字，真的像刻印般工整，一點點的不正就拼命擦乾淨，不斷重複寫，不但如此，小麗的房間，書包什麼都是乾淨整齊，一絲不紊。媽媽對小美說：「你看你妹妹，乾脆以後，你當妹妹，小麗當姐姐好了。」那天晚上，小麗做了一個經常出現的夢，在夢中，有好多人在比賽，而小麗騎著一輛腳踏車不停的踩著，就是想超越前面的人……。

媽媽的心情

①現在社會競爭這麼激烈，我怎麼不盯著孩子找出缺點，幫助他們改進？

②同樣是姐妹，爲什麼姐姐總是散漫不積極，而妹妹都能自我要求，無須父

母操心？

③我從不給小美要求或壓力，爲什麼她總是一副心事重重，不開朗的樣子呢？

小麗的心情

①如果有一天我的表現和姐姐一樣，媽會不會生氣，打我呢？

②每次媽媽說姐姐的時候，我總是拉長耳朵、張開雙眼，仔細的聽，努力的看，會令媽媽生氣的事，我絕不要再犯。

③我要加倍謹慎小心，做一個零缺點最好的孩子。

◎父母的客觀思考過程：

①父母一直提醒孩子的錯誤、缺點，孩子就變得完美了嗎？

②如果「挫折」、「怕」成了人成長的主要動力，生活除了緊張、匆忙外，有何樂趣可言？沒有歡笑的人生，誰願意積極活下去？

③「不完美」是用來要求別人改進的或是爲自己找到一個可以學習的方向

呢？

④如果，父母不能調整對兄姐的態度，又怎麼可能讓年紀較小的弟妹安心成長呢？

◎父母和孩子說話的幾種可能方式：

父母和兄姐的互動，影響了弟妹過分地自我要求完美，爲了穩定弟妹，根本之道，是調整父母和兄姐的關係。

①人都會有不小心，沒看清楚的時候，你知道自己有這種現象，就很棒了。

②小美喜歡自己的字嗎？媽媽覺得，只要能讓別人看得懂的字，就很漂亮了！

③每個人都會有不滿意自己的地方，所以才需要我們一起生活，慢慢學習呀！

替誰在說話?

小紹小興兩兄弟在房間嘰嘰吱吱，交頭接耳的不知在說些什麼，不一會兒，小興對媽媽說：「我好想去看獅子王的電影，聽說好好看喔！」媽媽想，「聽說？聽誰說？現在學校放暑假，還有誰會說？」小興又接著說：「哥哥也要一起去。」媽媽扳起臉說：「哥哥要寫完暑假作業，才可以去玩，現在我要去超市買菜，你要不要去？」小興說：「我不要去。」轉身走回房間，媽媽又看到小紹湊上小興的耳朵不知又說了甚麼，小興轉過身對媽媽說：「我也要去超市。」又接著說：「我們好久沒吃布丁，我想到就流口水。」媽媽說：「那就買些布丁吧！」小興又說：「哥哥也要吃。」媽媽說：「有本事就自己說我要買，不要鬼鬼祟祟算什麼男子漢大丈夫，簡直是卑鄙小人。」

媽媽的心情

①好可怕，這麼小就懂得耍陰謀、使詐，長大怎麼得了呢?

②爲什麼小紹有話都不直接說呢?拐彎抹角的真過份。

③我是那麼不通情理的媽媽嗎？爲什麼我的親生兒子要這樣對付我？我真的那麼失敗？

小紹的心情

①平常爸媽就較疼弟弟，弟弟要什麼，一次就ＯＫ，我要什麼就有一大堆理由、條件，叫弟弟去要東西比較有效。

②如果我說要什麼，媽媽有時又會說：「你只會帶壞弟弟要東西，壞榜樣！」叫弟弟去說，我才不會又被罵！

③萬一弟弟也要不成，我也沒損失，而且又不會被罵，都沒我的責任，真好，傻瓜才會自己去碰釘子！

◎父母的客觀思考過程：

①如果請媽媽、小紹、小興畫家庭成員關係圖，二個人會用什麼樣的圖畫呢？「媽媽─小紹─小興」，或「媽媽、小紹─小興」或「媽媽─小興、小紹」，這樣的關係圖，父母滿意嗎？如果有機會調整時，父母希望維持

什麼樣的關係呢？

②當父母基於許多理由，而以不同方式對待子女時，有沒有想到子女可能因感受到差別待遇，而無法直接和父母溝通呢？

◎父母和孩子說話的幾種可能方式：

①對小興說：如果哥哥想去的話，請哥哥自己來對媽媽說。

②對小紹說：我喜歡你有話直接對媽媽說，這樣媽媽就能更了解你在想什麼。

③對小紹說：如果你直接跟我說你的意思，我們還可以商量看看，如果你只跟弟弟說，讓弟弟來對媽媽說，那對不起，一點機會都沒有了，而且我會很不高興。

誰比較倒楣

「小平，幫我去文具店買一盒水彩。」哥哥叫著弟弟小平，又說：「順便看看少年快報出來了沒？」小平說：「喔！」放下組合一半的樂高玩具，正打算出門時，哥哥又說：「還有，順便買一包披薩小子和一瓶可樂，這是錢。」不一會，媽媽見小平，左一包、右一袋的，氣喘喘地，從外面走進來，看到媽媽說：「好累，重死我了，哥哥每次都愛叫人做那麼多事，我的手快要斷了，好累！」媽媽實在看不過，轉身對哥哥說：「你看，弟弟對你多好，你呢？你是怎麼對弟弟的？你真應該好好檢討。」哥哥說：「他自己要的呀！」媽媽說：「你怎麼這麼沒感情？再說，自己的事自己也不做，這像什麼話呢？」小平像無辜似的，一個人站在旁邊，看著媽媽和哥哥說話……

媽媽的心情

①小平實在太善良了！我不忍心看著他被欺侮！

②哥哥實在太霸道，一點也不像兄長樣，不壓壓他的氣勢，跟別人的人際關

係怎麼會好，太令人擔心了！

③爲了平衡他們倆人的關係，我有責任出來說話，教育哥哥一下。

小平的心情

①我喜歡哥哥，所以，幫哥哥做事就覺得很高興，可是常做了又後悔。

②每次幫哥哥做事，媽媽都會誇獎我，如果，我表現很累的樣子，媽媽就更注意我了。

③哥哥常因爲這件事被媽媽罵，反正，不干我的事，是哥哥的問題。

◎父母的客觀思考過程：

①每個人的行動是由另一個人決定的嗎？「小平幫忙哥哥」這件事，完全是哥哥強勢的結果嗎？小平自己想不想呢？對小平有沒有好處呢？

②父母想維持正義，除了打壓強者或保護弱者替他說說話之外，增進弱者的力量（如：可以自我負責、自我保護，與強者抗衡），對弱者來說，是否更有積極性呢？

◎父母和孩子說話的幾種可能方式：

①你想幫哥哥的忙嗎？幫忙拿幾樣東西，你才不會太累呢？

②如果，你想幫哥哥的忙，就請你不要又做又抱怨！

③媽媽發現你常幫了哥哥的忙，事後又抱怨，真倒楣，爲了讓你心理快樂些，下次答應幫忙前，先想一想「我會不會後悔」再決定好嗎？

天之驕子

阿吉哭喪著臉說：「同學都故意撞我，害我跌倒。」，媽媽：「會欺侮人的是壞孩子，不要跟他們玩。」媽媽愛憐地看著這個好不容易受孕生下的兒子，又想起，小時候自以爲遇到位好保母，後來才知道，她只照顧孩子三餐，常把他一人關在房間，不准這，限制那的，不乖時，就用牙籤戳手，心中有許多愧疚。阿吉拿出電動玩具，弟弟阿利也想玩，阿吉：「我要玩，你不可以玩。」，不一會他連續 game over，順便拿起椅墊丟在一旁看他玩的阿利說：「都是你坐這兒，害死我。」媽對阿利說：「哥哥心情不好，不要惹他，不然等一下又被打，媽媽也沒辦法。」

媽媽的心情

①我不希望阿吉在我面前再度受到傷害，我要盡全力彌償他、保護他。
②阿吉現在只是暫時性的反應，等他心理創傷平復後就會好了。
③阿利得到母愛很多，應該和我一起來幫助哥哥。

阿吉的心情

①看吧！連媽媽也覺得這世界上的人都故意打擊我，他們都沒好好照顧我，都虧待我！

②我是「特別」的人，只要是我想的事，別人都應該配合我。

③不如意時，我可以打人、罵人，隨心所欲，因爲你們都欠我的，媽媽也贊同我做任何事！

◎父母的客觀思考過程：

①父母的心情、內在對話，會不會傳染給孩子呢？父母一心只想滿足孩子，又是爲什麼呢？

②覺得別人善待自己是應該的，自己期待落空就臭臉發脾氣，這樣的孩子受同伴歡迎嗎？

③過去經驗影響我們的，常不是「事實」，而是我們賦予它的解釋意義（如：人家虧待我），如果，解釋系統是負向功能，父母可如何協助而非增

強它呢？

◎父母和孩子說話的幾種可能方式：

①阿吉，也許爸媽、朋友的表現和你希望的不一樣，但是，我們都很喜歡你。如果，你覺得我們是故意傷害你，也來問問我們的意思好不好？

②送你一個出氣娃娃（小枕頭、軟墊）。心情不好時，可以打一打，但不可以打人。

③如果有一天，你想到「別人都應該對我好一點」時，又能想到，「也許，我可以學習對別人好一點。」媽會爲你高興。

親愛的，是誰把孩子變幼稚了？

小仲一直和阿公阿媽住在南部，今年暑假，爲了帶他回來唸幼稚園大班，媽媽還特別請假陪小仲，陪他玩，看書，一起洗澡，讓他和自己一起睡覺，就爲緩和他的不適應，剛開始哥哥小伯也很高興，但沒幾天後，小伯對媽媽說：「媽媽，幫我洗澡。」媽：「你長大了，不是都自己洗了嗎？」小伯嗯唉地說了幾句，媽媽繼續和小仲看電視。睡覺時，小伯說：「我睡不著。」媽媽說：「去躺著。」小伯說：「你陪我，講故事。」媽媽說：「我很累，你自己聽錄音帶。」，小伯說：「好黑，我怕會有鬼。」媽媽說：「胡說，世界上那有鬼。」小伯說：「我也要和你們一起睡。」，媽媽說：「你這幾天是吃錯藥了，說話、動作變得像小嬰兒似的，什麼都要我陪，整天黏著我……」

媽媽的心情

①內心希望能和小仲多相處，一方面培養較親密的母子關係，二方面也想多教育他，有股責任想多親近小仲。

②原本希望小伯能當個好榜樣，自己會輕鬆些，想不到他反而什麼事都要學弟弟，爲什麼呢？

③同時要考慮老大，又要顧及老二，真有疲於奔命的感覺。

小伯的心情

①媽媽變了，像是弟弟一個人的媽媽，她還像以前一樣喜歡我嗎？他會不會不要我了呢？

②如果，我的行爲和弟弟一樣，媽媽也許會像對弟弟一樣對待我。

③小時候比較好，媽媽都會陪我，長大了，什麼都要自己的要獨立，我不想長大。

◎父母的客觀思考過程：

新成員（如：新生兒、從南部回家的弟妹……）的加入，常會使家庭內部的成員產生新的變化。舊成員（如：小伯、爸媽）會存有觀望、焦慮、甚至不安的心理，孩子尤其會擔心自己的地位不如從前，甚至有退化（表現出比實際年齡更小的行為）現象產生。

◎父母和孩子說話的幾種可能方式：

①弟弟剛回來家裏，媽媽變得比較忙，如果，你覺得媽媽都沒有陪你，你跟媽媽說，我們可以一起做喜歡的事。

②你願不願幫媽媽一起幫弟弟習慣家裡的生活，有時說故事給他聽，和他一起玩，一起睡覺、洗澡？

③有一個弟弟日子可能變得不太一樣，可是爸爸媽媽還是很愛你。

唬…你作弊

暑假期間表哥們到大智、小智兄弟家住，大智教大家玩「大老二」撲克牌，每個人都當過大贏家，只有小智。小智提議改變玩遊戲的方法，可是沒有人理他，大智說：「你不會玩，就不要參加算了。」，小智嘟著嘴，繼續和大家玩，這一回，遊戲又接近尾聲，大智看著小智說：「小笨蛋，我又要贏了！」小智瞄到左手邊大家玩過的牌，順手拿起了一張王牌♣2，被大智發現大叫：「你作弊，好奸。」孩子們的爭論引起了媽媽的注意，媽媽說：「這樣做是小偷、騙子的行爲，是羞恥，見不得人的事，小智你怎麼可以這樣做？」、「再說，比賽本來就有輸有贏，勝敗是兵家常事，輸就輸又不會少一塊肉，有什麼關係！」……

媽媽的心情

①作弊是不道德的事，不誠實不應該的行爲，小智怎麼可以這樣呢？

②我以後還可以相信小智的品性嗎？他在學校也會作弊嗎？真令人擔心！

③一點點挫折就受不了，以後更大的事情怎麼面對呢？我一定要改變他輸不起的心情。

小智的心情

①哥哥們都笑我，我好沒面子，而且，每次都輸，心裏好難過。

②我也好想贏，想證明自己和哥哥他們一樣厲害。

③我沒有故意要騙人，或不守規則，只是想這樣做比較快、也比較不會輸。

◎父母的客觀思考過程：

①每個人都想成功，但是失敗對人的意思是什麼呢？

②怎麼樣的人較有能力面對失敗的經驗？一般來說，失敗能幫忙孩子再次認清「發生了什麼事」、「我的能力在哪裏」、「我可以努力的方向是什麼」。於其中，挫折忍受力會被提升，且能找到一個自己可以繼續成長的方向。比較有信心，且不會把「輸」和「自己不好、自己笨」劃上等號的孩子，比較有能力面對挫折。

◎父母和孩子說話的幾種可能方式：

①小智想和大家玩的一樣厲害，有沒有人可以當他的軍師幫助他呢？

②小智雖然前面都沒有贏過，但也能和大家一起玩，這是真功夫，很棒！

③（對大智說）你玩的技術很好，可是，你說別人是小笨蛋，會傷了別人的自尊心喔！

④小智也想贏，可是自己換牌，同伴會生氣。怎麼做，自己才真的會贏，別人又不會討厭呢？

忍一時，風平浪靜

每次表哥到家中玩，玩到最後小威總是嘟著嘴，原先的開心都不見了。今天送走表哥後，媽媽催著他收拾玩具，小威：「又不是我一個人玩，爲什麼只叫我收？」媽媽：「玩具是你的，收拾也應該啊！不然全部丟掉好了。」小威：「我最討厭表哥了，一下要玩恐龍戰隊，一下又玩賓果，全部拿出來又不收。」媽媽：「你爲什麼不叫他收呢？」小威：「我不敢呀！我怕他會生氣。」媽媽：「你才最會生氣，本來玩的好好的，怎麼説變臉就板起臭臉，人家怎麼敢跟你玩？」小威：「我才不喜歡玩恐龍，也不喜歡玩賓果，都不能玩賽車……」媽媽：「你是小主人，要多招待小朋友才對呀……」

媽媽的心情

①小威是獨子，爲了不養成孤僻的個性，我常安排小朋友到家裡來，我用心良苦，怎麼他都不知道呢。

②小威怎麼這麼愛計較，收拾玩具也要計較，玩什麼也要計較，是不是獨子

都這麼自私？

③看到小威一個人收拾這麼多玩具，是有點心疼，可是，我會幫他收呀！再說，吃虧就是佔便宜！

小威的心情

①和小朋友在一起時，好緊張：萬一他們生氣不理我怎麼辦？

②表哥喜歡我嗎？不然爲什麼他都不玩我喜歡玩的東西，也不幫我一起收拾玩具呢？

③我喜歡和小朋友玩，但不喜歡都要聽他們的話。不曉得我可以怎麼辦，心快要爆炸，氣的說不出話了。

◎父母的客觀思考過程：

①我們想爲孩子創造更多友伴經驗，卻又希望小孩多忍讓，一個人收拾玩具，爲什麼呢？

②我們期待孩子有什麼樣的人際關係呢？犧牲個人，成全他人？只強調「我

想……」「我要……」?還是，有「你」也有「我」的合作性關係呢？

◎父母和孩子說話的幾種可能方式：

①你「想」表哥會生氣，所以不敢說嗎?這樣，對表哥不公平，因爲，他可能會生氣，可能不會生氣，不「說出來」怎麼知道呢？

②你希望玩賽車，希望一起收玩具，表哥知道嗎？下次，你想怎麼對表哥說呢？

③你想玩賽車，表哥想玩賓果，有什麼辦法，你們二個人想玩的東西都玩到呢？

愛的三角關係

送小傑上學的途中，爸爸邊開車邊對小傑說：「在學校要乖，聽老師的話，知道嗎？不可以和同學打架……」媽媽心中不悅地想：「真是八股，什麼時代了，還叫小孩有耳沒嘴。」忽然，小傑大叫：「我忘了帶冰塊和鹽，今天自然課要用，怎麼辦？」說著就哭起來，爸爸不高興地說：「哭什麼哭？沒人說你，你倒先哭。」媽媽：「你幹嘛對孩子這麼兇，處處打壓小孩，你不能耐心引導他嗎？你小時候就沒有忘記帶東西嗎？」爸爸：「你會教，你自己教。」到學校時，爸爸對小傑說：「穿上外套。」小傑：「為什麼我一定要聽你的？」媽媽：「沒關係，快下車，來不及了。」爸爸：「看你教的好兒子，就會頂嘴」……

媽媽的心情

①先生不教育孩子時，我覺得責任好重，好孤單，可是他教起小孩來，那副嚴肅、愛說教的方式，真令人受不了。

②現代重視愛的教育，所以我一直想改變先生和自己配合，夫妻倆卻因此常吵架，他簡直比小孩還難教！

③先生處處挑剔孩子，我怕傷了孩子自尊，就更想保護小傑，同意他做他想做的事。

小傑的心情

①爸爸一直說一直說時，我好害怕，也不知道他要說什麼，好像，說我常常做錯事似的，我更不想聽！

②沒關係，爸爸說話時，我只要看媽媽，媽就會幫我說話，媽媽是我的靠山，我怎麼做都可以！

③爸爸媽媽常因爲我吵架，他們會不會離婚？都是我害的。

◎父母的客觀思考過程：

①爸爸一直要告訴孩子「要怎麼做，不要怎麼做」，媽媽一心想告訴爸爸「要怎麼樣，不要怎麼樣」，而被說的人是否有著相同的心情，更不想與

說者合作呢？

②孩子周遭的親人都是秉持著「自己認爲最好的方式」或「個人習慣」來面對孩子，身爲父母者，如何於其中幫孩子有學習方向呢？

◎父母和孩子說話的幾種可能方式：

①爸爸說得有道理喔！爸媽都不會罵你，可是，你要想一想，忘了帶東西，打算怎麼辦呢？

②「小傑，你這樣說話太不客氣了，如果，你想知道爸爸的意見，請你再問一次：『爲什麼我要穿外套呢？』」

爸爸就像一座山

假日全家外出，爸爸問：「中午要吃什麼？」媽媽說：「吃台菜。」爸爸說：「吃牛排好了。」，媽媽心中有些不悅，心想：每次都愛問人家的意見，到後來就只想自己的意見。吃過飯，爸爸又說：「下午要去哪裏呀！」大忠說：「我們去世貿看科技展覽，酷呆了！」大孝也很興奮說：「去買恐龍模型。」爸爸接著說：「去看爺爺奶奶好了！」媽媽心想，先生怎麼又來了，大忠大叫：「很無聊耶！」大孝小聲自言自語。媽媽說：「怎麼了？」大孝搖搖頭，大忠斜眼看著爸爸說：「都是那個人，害我心情不好！」媽媽說：「爸爸說去看爺爺奶奶也沒錯呀！他們老了，又很孤單，再說，爺爺奶奶對你們也不錯，又喜歡你們，我們去看他們也應該。其實，爸爸很愛你們，不然爲什麼禮拜天不在家睡覺休息，還請你們吃牛排，他是個好爸爸，你們應該很滿足……」

媽媽的心情

①每次先生問別人意見時，心中早有答案了，都要別人聽他的，我總有不被

尊重的感覺，可是為了維持家庭和諧，有好氣氛，就不要太計較吧！

②我和父親的關係一直很疏離，也引以為憾，我很怕孩子和他們的爸爸父子關係也不好，就一直想幫先生說話。

③大孝這孩子會不會和我一樣有委屈、不滿，而又說不出來呢？我想多說些話安撫他的心理。

大孝的心情

①在我心中，爸爸像一座山，很有威嚴，又有點壓迫感，我好想和他多在一起，又很怕他！

②媽媽很怕爸爸生氣，我要學媽媽，不要讓爸爸不高興。

③媽媽說爸爸都沒有錯，都是為我們好，那可能是我不太好，爸爸才沒有聽我說話。

◎父母的客觀思考過程：

①我們小時候期待什麼樣的父親呢？（有規律、智慧、可信賴、能聽我們說話、不打

人、不罵人……）結婚生子後，我們是扮演什麼樣的父親呢？我們的孩子引頸期盼的又是什麼樣的父親呢？

②當先生扮演父親角色和我們期待的不盡相同時，有什麼感覺呢？一直想爲先生說話，是怕孩子失望、受傷，還是在爲自己療傷呢？夫妻間可能直接溝通對親職角色的期待嗎？

③母親爲父親辯解，孩子就會有被愛的感覺嗎？父子關係因此更親密嗎？

◎父母和孩子說話的幾種可能方式：

①大家都能說自己想要去的地方，很棒，我們可以計劃一下，怎麼做，大家都會很滿足。

②今天要先聽誰的意見去哪？另外二個人的意見，什麼時候可以去呢！

③大家都是一家人嘛！如果接受別人的意見，自己也不覺得那麼委屈，有時也要互相體諒一下。

④和先生私底下溝通，自己想要培養小孩的主見與信心，如果孩子覺得自己的意見能被聽到、接受，對自己一定更有信心，請先生支持。

哈囉，你好

放學後，小威一進門放下書包衣物，就從冰箱拿出蛋糕吃，好像沒看見媽媽在廚房似的，媽媽有點不高興，覺得他太目中無人，不會主動和人打招呼。想到上次回南部家族聚餐，孩子不懂得叫阿公阿嬤，難怪阿嬤說：「人家你大伯的兒子都會叫人，不像你，快叫，不然阿公不疼你了。」。阿公也說：「男子漢大丈夫，要勇敢，你是女孩子嗎？忸忸怩怩的，有什麼用！」小威的爸爸瞪我一眼，對小威說「皮癢了，這麼沒禮貌，快叫。」我也希望他多接近老人家，也很怕這種尷尬場面，但怎麼說，小威還是躲在我的背後……這次回南部會不會又發生這種事呢？

媽媽的心情

①他們都認爲孩子不叫人，沒家教，是我教育失敗，真丟臉！

②我自己也很怕和別人說話，小威是不是遺傳到我的內向、緊張呢？真糟糕！

③小時候，我不喜歡大人強迫、威脅或嘲謔我的方式，我不想這樣對待小威，但該怎麼辦呢？

小威的心情

①和媽媽每天都見面嘛！我知道他在房間呀！幹嘛叫！

②我很久都沒看到阿公他們，有點害羞，不好意思，不曉得可以說什麼。

③阿公每次說話都那麼大聲，說我不好，不對，我有點害怕，就更不想靠近他們。

◎父母的客觀思考過程：

①孩子和長輩關係好壞，爲什麼是父母要擔待的責任呢？「是自己的面子」問題？或想透過孩子代替「自己」多孝順長輩？還是希望孩子超越「自己的自卑」，如果是爲了「自己」，孩子的需要在那裏呢？

②從教育的觀點來說，打招呼意謂著什麼？對別人有興趣、有接近別人的能力、人與人之間基本的待人態度方式……。

◎父母和孩子說話的幾種可能方式：

①兒子，你回來了！每次你回來都沒有和我打招呼，都是我先叫你的，不公平。

②「剛才你爲什麼不叫阿公呢？」（聽聽孩子回答）「媽媽了解，可是阿公以爲你沒有禮貌，就一直想教你，怎麼辦？」

③媽媽知道你有點不好意思，等一下，你想叫的時候再叫，好不好？

上錯天堂，投錯胎

爺爺奶奶從澳洲探親回來，爲孫子們帶回禮物，按照往例長孫選好後，其他男孩接著選，最後輪到小慧，小慧拿了一隻無尾熊。下午祭祖時，爺爺奶奶爲男孫們準備香，叫小慧要用手拜拜。不一會，堂弟想玩無尾熊，但小慧不肯交換，奶奶說：「女孩家要有度量些。」但小慧仍抵著嘴，一句話也不說，但就是不換，奶奶：「這小ㄚ頭，個性硬得像石頭，一點也不像女生，現在還不愛留長髮，不穿裙子嗎？」媽媽：「性別生錯了，什麼都要比、要爭，絕不吃虧，比他哥哥還野，不像他哥每件事都無所謂。」晚上回家後，小慧問媽媽：「我是不是楊家的孫子呢？爲什麼奶奶都叫他們寶貝孫呢？」媽媽有點生氣公婆對待小慧的態度，傷害了她的自尊心。

媽媽的心情

①老人家都重男輕女，而且又做的太明顯了，我心裏也有點替女兒叫屈。

②小慧的能力很強，很獨立，不太須要大人費心，我常常就忽視了她。

③小慧的想法，行爲都和常人不太一樣，又像是男人婆，以後長大會不會有問題（同性戀）？

小慧的心情

①當女生不好，沒有人喜歡，又常被忘記。
②當男生最好，有許多特權，如果，我不積極「搶」的話，什麼都沒有。
③我要比男生更好，絕不輸男生，要擊敗當女生的不利！

◎父母的客觀思考過程：

①人類有兩種性別角色是爲了互相競爭？某種性別優於另一種性別嗎？
②爺爺奶奶上一代的人，受到傳統文化的影響，對於性別認知有既定的想法，但中生代的父母對性別角色的看法是什麼呢？夫妻雙方所呈現出的兩性關係，是某一性別的地位高於另一性別嗎？還是兩性能平等、友善的相處呢？
③子女和父母每天相處在一起，但父母卻說：小孩的性別角色是受爺爺奶奶

的影響，爲什麼呢？

◎父母和孩子說話的幾種可能方式：

①古代的人，認爲男生很重要，因爲男生要種田，養家，所以，凡事都優先想到男生，小慧，妳是一個好女孩，爺爺奶奶對妳的態度，不是妳不好，是上一代的人想法的問題。

②你覺得在我們家爸媽有比較重視男生或女生嗎？

③如果將來你當奶奶，你要送禮物給你的孫子，你會讓他們怎麼選呢？

媽媽的成績單

暑假期間，媽媽奉命帶小強回南部給婆婆看，媽媽說：「到姥姥家要守規矩，有禮貌，姥姥才會喜歡你。」吃晚飯時，小強吃的好端端的，媽媽誇張地對大家說：「小強最棒了，什麼事都自己做的好。」小強說：「我不棒。」，接著飯粒開始掉下桌，還故意搖晃椅子發出巨響，媽媽說：「姥姥很怕吵鬧，你不要這麼大聲。」小強繼續搖椅子，媽媽很凶地說：「每次人一多，你就做怪，不聽媽媽的話。」全家人的眼光全集中在他們母子身上，小叔說：「這個孩子，還是跟小時候一樣，沒長進。」大姑說：「你這個做媽的，一點威嚴都沒有，小孩都被你寵上天，爬到頭頂上去了。」媽媽忍不住說：「小強，看我怎麼修理你，還不停下來……」

媽媽的心情

①家族內的人都在看好戲，沒人聲援我，我好孤單！

②這些日子，我努力和小強維持好的親子關係，小強也進步很多，想不到大

家還是沒看到成效，我苦心白費了，有挫敗感！

③自己也變糊塗了，爲什麼小強的表現，變化這麼大，我覺得母子關係離好遠，不了解小強在想什麼？

小強的心情

①媽媽好緊張，似乎和我的表現有關，我也變得很緊張，怕自己不能一直維持好的表現，無意識下，也想知道表現不好會怎樣。

②姥姥、叔叔和和姑姑們都認爲我就是沒規矩的人，和他們在一起，好像有股力量，就把我變成他們認爲的那個樣子。

◎父母的客觀思考過程：

①人的行爲常會順著別人對我們的「標籤」而影響，環境認定小強沒規矩，媽媽教子無力，當事人在無意識下往此方向發展而成爲事實，更加強了他人的「標籤」，成爲一種負向循環。

②人如何能了解或脫離出無意識的影響，使自己成爲自己的主人，向自己的

生命負責，而非對別人交待或等著他人評價呢？

◎父母和孩子說話的幾種可能方式：

①將小強抱起來，離開位子，來，媽媽抱一抱（或走一走），再來收拾桌上飯粒。

②你不必故意做些事情惹媽媽生氣，我不想中計，也不想玩遊戲，你要自己停止搖動，還是媽媽抱你下來。

③有時候別人對我們不滿意，是因爲我們的表現不像他們希望的，而不是我們不好，媽媽對你很有信心。

是誰讓我的耳根不清靜?

小飛不平地對媽媽說:「阿嬤最討厭了,一定要人家聽他的命令,要不然就說個不停,嘮嘮叨叨的!」媽媽:「怎麼可以這樣說阿嬤呢?沒禮貌。」小飛:「本來嘛!下午我在打電動,她就一直問功課寫完沒?還不趕快去寫,我說,『我知道啦!』後來,我看歷史小說,她又唸,『該做的事都不做,看什麼書。』,聽了真煩!」媽媽:「阿嬤這樣說也沒什麼不對呀!」小飛:「什麼都要管,最討厭了!」媽媽:「媽媽知道,你覺得很委屈,可是,阿嬤說你,也是爲你好,她那麼疼你,你應該聽她的話!」

父母的心情

①小飛的心情,我很了解,我也常常有這種想法,忍不住想批評婆婆,可是又不能這樣對孩子說……

②老人家就是這種個性,我也無可奈何,只能勸孩子多包容,不然能怎樣?

③有時孩子的玩心重,沒有人在旁督促也不行!還好有婆婆在家。

小飛的心情

①我已經長大了，有自己的意見，不要人家限制我的自由。

②阿嬤說到功課時，我其實很心虛，好像做錯事，被逮到，有點惱羞成怒，故意不理她，來掩飾我的問題。

③阿嬤說，我就去做，不就表示我真的做不好，需要被人控制嗎？她愈提醒，我就愈不去做。

◎父母的客觀思考過程：

①孩子在敘述祖孫關係時，父母馬上想到自己和長輩間的關係，爲什麼呢？

②父母面對祖孫問題時，較關心什麼呢？如何讓長輩的了解孩子的需要及希望被對待的方式？或只說服孩子服從、尊敬長輩？在這事件中，孩子又要如何面對自我呢？

③孩子的表現會不會影響阿嬤的態度呢？

◎父母和孩子說話的幾種可能方式：

①阿嬤問你功課的時候，你回答：「我知道啦！」是什麼意思呢？

②你怎麼安排下午打電動、看書、寫功課的時間呢？阿嬤知道你的計劃嗎？

③你想，你怎麼回答阿嬤，阿嬤才不會一直唸你的功課呢？

心事誰人知

老師在聯絡本上寫著：「考卷沒訂正，請家長嚴加督促。」媽媽看了，問大奇：「為什麼不訂正？」大奇：「有呀！我寫在上面。」媽媽：「那老師怎麼會說你沒訂正呢？他會故意　枉你嗎？」大奇：「我跟他說了，可是他就是不相信。」媽媽：「他為什麼相信別人，就不相信你呢？」大奇：「我怎麼知道。我就說，好嘛！不相信就算了，給你（老師）打好了。他最賤了，打了我兩下。」媽媽：「就算老師真的冤枉你了，你也不該用這種態度對老師說話，什麼叫賤，好的不學，壞的倒學得快。」大奇：「我今天真衰。」媽媽：「好了！好了！別再說了，下次自己要小心點！」

媽媽的心情

①師者，傳道、授業、解惑也，孩子怎麼可以對老師有不禮貌的想法呢？

②我也想安慰孩子呀！可是又不能說他是對的，老師不對，這樣不就更增強他對老師的不滿嗎？

③我覺得真丟臉，讓老師在聯絡本這樣寫，也有點生氣，老師把責任丟給我，我又要丟給誰呢？

大奇的心情

①老師不相信我，連媽媽也不相信我，真悲哀。

②既然你們都這麼說，那我就做你們不相信的樣子給你們看。

③爲什麼媽媽一直替老師說話？她倒底愛不愛我呢？爲什麼我覺得不溫暖呢？

◎父母的客觀思考過程：

①幫忙孩子進入學校生活的某種規則上，是老師的責任？還是家長的責任？還是老師、家長、孩子共同的責任呢？

②我們常說：危機是一種轉機，但，發生事情時，我們只想追究責任，判斷誰對、誰錯？或息事寧人，如果，事情本身不被探究，轉機如何出現？

◎父母和孩子說話的幾種可能方式：

①好倒楣哦！你認爲你已經訂正了，可是老師卻說你沒訂正。

②老師要求你們訂正在那裏呢？

③你的同學都訂正在那呢？老師有打他們嗎？

④如果你不清楚老師的要求，只依照你自己認爲對的想法做事，老師會以爲你沒做，你就被冤枉，多可惜！

親師關懷 13

親子關係一級棒

作　　者：黃倫芬
總 編 輯：吳道愉
責任編輯：鄭秀涼
發 行 人：邱維城
出 版 者：心理出版社有限公司
社　　址：台北市和平東路二段 163 號 4 樓
總　　機：(02) 27069505
傳　　眞：(02) 23254014
郵　　撥：0141866-3
E-mail：psychoco@ms15.hinet.net
駐美代表：Lisa Wu
Tel：973 546-5845　Fax：973 546-7651
法律顧問：李永然
登 記 證：局版北市業字第 1372 號
印 刷 者：翔勝印刷有限公司
初版一刷：1998 年 8 月

定價：新台幣 300 元

ISBN 957-702-276-6

國家圖書館出版品預行編目資料

親子關係一級棒 / 黃倫芬著. -- 初版. -- 臺
北市：心理，1998[民 87]
面； 公分. -- (親師關懷；13)

ISBN 957-702-276-6(平裝)

1. 親職教育 2. 兒童心理學

528.21 87009606

廣 告 回 信
台灣北區郵政管理局登記證
北 台 字 第 8133 號

（免貼郵票）

心理出版社有限公司
台北市106和平東路二段163號4樓

TEL:(02)2706-9505
FAX:(02)2325-4014
EMAIL:psychoco@ms15.hinet.net

沿線對折訂好後寄回

六、您希望我們多出版何種類型的書籍

❶□ 心理❷□ 輔導❸□ 教育❹□ 社工❺□ 測驗❻□ 其他

七、如果您是老師，是否有撰寫教科書的計劃：□ 有□ 無

書名/課程：____________________

八、您教授/修習的課程：

❶上學期：____________________

❷下學期：____________________

❸進修班：____________________

❹暑　假：____________________

❺寒　假：____________________

❻學分班：____________________

九、您的其他意見

____

謝謝您的指教！

讀者意見回函卡

No._______ 填寫日期： 年 月 日

感謝您購買本公司出版品。為提升我們的服務品質，請惠填以下資料寄回本社【或傳眞(02)2325-4014】提供我們出書、修訂及辦活動之參考。您將不定期收到本公司最新出版及活動訊息。謝謝您！

姓名:__________________ 性別：1☐男 2☐女

職業:1☐教師 2☐學生 3☐上班族 4☐家庭主婦 5☐自由業 6☐其他_____

學歷:1☐博士 2☐碩士 3☐大學 4☐專科 5☐高中 6☐國中 7☐國中以下

服務單位:______________ 部門:__________ 職稱:_______

服務地址:____________________ 電話:_______ 傳眞:_______

住家地址:____________________ 電話:_______ 傳眞:_______

書名：____

一、您認為本書的優點：（可複選）

❶☐內容 ❷☐文筆 ❸☐校對❹☐編排❺☐封面 ❻☐其他______

二、您認為本書需再加強的地方：（可複選）

❶☐內容 ❷☐文筆 ❸☐校對❹☐編排 ❺☐封面 ❻☐其他_____

三、您購買本書的消息來源：（請單選）

❶☐本公司 ❷☐逛書局⇨______書局 ❸☐老師或親友介紹

❹☐書展⇨____書展 ❺☐心理心雜誌 ❻☐書評 ❼☐其他______

四、您希望我們舉辦何種活動：（可複選）

❶☐作者演講❷☐研習會❸☐研討會❹☐書展❺☐其他_________

五、您購買本書的原因：（可複選）

❶☐對主題感興趣 ❷☐上課教材⇨課程名稱_________________

❸☐舉辦活動 ❹☐其他_________________

（請翻頁繼續）